红　土　圣　地　脱　贫　大　决　战

绽 放

江西省乡村振兴局 /组织编写

彭文斌 /著

江西教育出版社
JIANGXI EDUCATION PUBLISHING HOUSE
·南昌·

图书在版编目（CIP）数据

绽放 / 江西省乡村振兴局组织编写；彭文斌著 . --
南昌：江西教育出版社，2021.7
（红土圣地脱贫大决战）
ISBN 978-7-5705-2699-4

Ⅰ . ①绽… Ⅱ . ①江… ②彭… Ⅲ . ①扶贫 - 工作人员 - 先进事迹 - 江西 - 现代 Ⅳ . ① K820.76

中国版本图书馆 CIP 数据核字 (2021) 第 116218 号

绽放
ZHANFANG
江西省乡村振兴局 组织编写
彭文斌 著

江西教育出版社出版
（南昌市抚河北路 291 号　　邮编：330008）
各地新华书店经销
南昌市印刷十二厂有限公司印刷
720 毫米 ×1000 毫米　16 开本　17.5 印张　字数 220 千字
2021 年 7 月第 1 版　2021 年 7 月第 1 次印刷
ISBN 978-7-5705-2699-4
定价：49.00 元

赣教版图书如有印装质量问题，请向我社调换　电话：0791-86710427
投稿邮箱：JXJYCBS@163.com　电话：0791-86705643
网址：http://www.jxeph.com

赣版权登字 -02-2021-425

前言

QIANYAN

千年夙愿，百年求索，一朝梦圆。

2021年2月25日，一个将被历史永远铭记的时刻，习近平总书记在全国脱贫攻坚总结表彰大会上庄严宣告：我国脱贫攻坚战取得了全面胜利。

回首看去，在八年脱贫攻坚的时间坐标上，镌刻着多少熠熠生辉的印记，记录着多少彪炳史册的人间奇迹。这是中国人民的伟大光荣，这是中国共产党的伟大光荣，这也是中华民族的伟大光荣！

江西是革命老区，是全国脱贫攻坚主战场之一。在全省100个县（市、区）中，有原中央苏区县54个、原贫困县25个、罗霄山片区县17个。截至2013年末，全省还有346万农村贫困人口，贫困发生率达9.21%。丰衣足食多年来都是赣鄱儿女的朴素愿望，从800多年前朱熹提出“足食为先”到90多年前革命的圣火在井冈山点燃，这方红土圣地上承载着中国共产党的初心使命。面对艰巨的脱贫攻坚任务，全体扶贫干部立下愚公之志，勠力同心，尽锐出战，在赣山鄱水之间沐雨栉风，演绎出当代版的干群鱼水真情，兑现了向党中央签订的“军令状”、向人民立下的“承诺书”，交出了一份优秀的脱贫攻坚“成绩单”，书写了人类减贫史上中国奇迹的江西华章。江西省所有贫困县全部摘帽，3058个“十三五”贫困村全部退出，贫困人口全部脱贫。

铭记历史，是为了更好地开创未来。为此，江西省乡村振兴局（原江西省扶贫办公室）本着对历史负责的态度，与江西教育出版社共同策划出版了“红土圣地脱贫大决战”系列图书，从脱贫攻坚“十大行动”、牺牲的扶贫干部代表和脱贫攻坚典型3个切面再现江西脱贫攻坚的峥嵘岁月，记录赣鄱大地脱贫攻坚的光辉历程。3位作者重回脱贫攻坚故事发生地，访问了大量的脱贫攻坚参与者和亲历者，搜集了许多生动鲜活的素材，最终将这套书写真人真事、凝聚真情实感的纪实文学作品呈现在读者面前。

《圆梦》这本书的作者带着对红土地的深情，踏访我党早期开辟革命根据地的地方，感受万里长征的出发地旧貌换新颜。作者选取井冈山、赣州（于都、瑞金、安远）、九江修水、抚州（广昌、乐安、资溪）、上饶（弋阳、横峰）、萍乡（安源、莲花、芦溪）等地，以一个设区市为一个专题，从脱贫攻坚典型经验到“不让一个老区群众掉队”的突出成绩，全景式地展现脱贫攻坚这项伟大工程为江西带来的翻天覆地的变化。全书将江西各重点革命老区串连起来，通过描写村庄、城镇的今昔对比，突出历史纵深感，反映前后变化，把赣鄱儿女自强不息的精神转化为建设富裕美丽幸福现代化江西的强劲动力。

《绽放》所书写的15位主人公有一个共同点，那就是为了脱贫攻坚献出了自己宝贵的生命。作者深入这些扶贫干部生前的帮扶点，与村民们促膝长谈，深入了解扶贫干部的工作细节，还原他们在没有硝烟的战场上的点点滴滴，记录他们生前的动人瞬间。被洪水冲走的程扶摇，失足踏空的肖新泉，意外翻车的吴应谱、樊贞子夫妇，乡村医生出身的谢仕发，“红都好人”廖德熙……作者在讴歌扶贫干部的先进事迹时，不是生硬地说教，而是充分融合了讲故事的技巧、诗歌的抒情性和报告文学的在场性，扶贫日记、办公现场、与贫困户零距离交流以及脱贫后的美丽山村，一个个画面在书中交相呈现。这是一部珍贵的反映扶贫干部精神的纪实文学作品，彰显了信仰之美、崇高之美，铸就了新时代共产党人的精神丰碑。

《逐梦》这本书则是从江西众多的脱贫攻坚先进人物中选择了一批自力更生的奋斗典型、一批务实笃行的贡献典型、一批无私奉献的社会典型进行浓墨重彩的书写。这30位“脱贫战士”，既有被国家表彰的脱贫攻坚人物，又有奋战在脱贫一线的社会各界人士，还有一群自我觉醒的脱贫群众。他们在“精”字上下功夫，在“准”字上谋实招，他们与百姓群众一起做新时代填海的精卫、移山的愚公，他们敢于向贫困宣战并在脱贫攻坚中实现人生的价值、书写精彩的传奇。

一时代有一时代之精神，一时代有一时代之文艺。《圆梦》《绽放》《逐梦》这3本书有脱贫攻坚基本理论的运用与实践，也有农村工作的创造性经验总结，是沾泥土、冒热气、带露珠的时代影像剪影，也是有筋骨、有道德、有温度的文艺作品。3位作者以饱含深情的笔触从不同视角、不同侧面，生动再现了脱贫攻坚这一伟大工程的典型片段和精彩瞬间，谱写出了红土地上脱贫攻坚的动人篇章。这是我们对一个时代的集体礼赞。

风雨过后见彩虹，唯有文字留芬芳。

有的人和事，历史必将铭记。

红土圣地脱贫大决战

目录

01

咱们的『黑摇』

一

那是2017年6月23日的子夜。

闪电劈开黑暗，劈开天穹，劈开铅色杭山，仿佛焰火耀亮，却劈断不了暴虐的雨柱。

雷声狂躁，像一头困兽发出的怒吼。整个修水县杭口镇似乎都在颤抖。

镇党政办的干部匡梦林待在值班室里，心神不定，一双秀目浸满深深的忧虑。长这么大，她还从未见过如此阵势的狂风暴雨，如同有无数利刃无休无止地在切割着天地山川，幕阜山怀中的修水县似乎回到了洪荒，转瞬疮痍满目，山体滑坡、公路塌方、桥梁受损、房屋倒塌、农田被淹。政府办公楼的北面，相隔不远的修河一改平日的娴静秀美，浊浪排天，发出阵阵轰鸣。

修水县位于江西、湖北、湖南三省交界处，是江西省面积最大的山区县，每逢大暴雨，山洪就来得迅疾、来得凶猛。6月20日，修水县防汛抗旱指挥部发布暴雨红色预警。6月22日下午，杭口镇召开紧急会议，部署全镇防汛工作。23日夜间，修水全县短时间平均降雨量竟达到174.5毫米！

电话铃声几乎没有停过，无一不是告急，无一不是险情。匡梦林有一种想哭的感觉。她好像在洪流里无助地漂泊，每一分钟都那么难熬。

忽然，大院里响起汽车的引擎声，夹杂着脚步声、说话声。匡梦林下意识地推开门，借着车灯，她看见党委委员、副镇长邓旭带着主任科员冷春生、桑管员唐文、城管队员郭礼华、扶贫办程扶摇几位干部，正在麻利地往一辆皮卡车上搬蛇皮袋、雨布等防汛物资。镇党委书记匡美建一边拉开车门，一边打手机：“万镇长，请你尽快赶往双井村水源塘，那边即将溢坝，形势严峻。我也马上赶过去。”此时，镇长万民福正带队在杭口村组织低洼地段的群众转移，之前，他们接到县防汛办电话通知，上游强降雨形成的洪峰很快要经过杭口。

骤雨倾泻。程扶摇坐进驾驶室里，似乎突然想起什么，忙飞速地用手机给县扶贫办副主任赖波平发送了一条信息，内容是杭口镇有关易地移民搬迁的最新数据。然后，他一脚踩动油门，皮卡车冲出了大院。一道闪电撕碎黑夜，雷声跟着滚过来，震耳欲聋，一切显得狰狞而恐怖，匡梦林忍不住打了个寒战。此时，是 24 日凌晨两点钟左右。

水。洪水。到处是汪洋泽国。那么美丽的家园，顷刻毁于一旦。程扶摇的眼眶里漾动着泪花，他两手牢牢抓着方向盘，勉强辨别着路况，皮卡车斩开洪水，往双井村方向急急而去。

这是一个难忘的星期五。程扶摇上午深入安置点和农户家中走访调查，落实易地扶贫搬迁事宜，下午则参加镇里的扶贫工作会议。考虑答应过晚上将异地搬迁统计整改表格发给县城乡一体化办干部桂干林，他主动留在办公室加班。为了掌握第一手资料，程扶摇叫来茅坪村党支部书记陈华东，两人将相关数据、情况一一核对，确认无误后，发出邮件，这时，已是深夜二十三时多。程扶摇给桂干林留言道：“表我已经交了，如果还有需要修改的地方，请随时打电话给我。”之后，他开车返回县城。一进家门，程扶摇拿起毛巾刚想洗漱，手机响了，电话那头，传来匡梦林的喊叫：“黑摇，双井村的水源塘发生了险情，匡书记要你赶快回镇里，一起去抗洪抢险！”灾情就是命令，时间就是生命。程扶摇二话不说，抓了车钥匙就跑。

洪水愈来愈湍急，皮卡车在艰难前行。两点十八分，匡美建打电话给万民福了解水源塘的情况，对方告诉他：“水源塘水位上涨非常快，差半尺左右就要满溢洪道，下游群众正在疏散，你们就不要过来了。”匡美建却毫不犹豫地回道：“我们已经在路上了，马上就到。”

当车行至杨坊村路段，匡美建他们找到该村支部书记，要求他立即召集村干部，紧急转移低洼地段的群众，决不让一个老百姓受到伤害。此时，狂风呼啸，暴雨如注，几乎看不清道路，程扶摇瞪大眼睛，紧紧盯着前方，借助两旁的行道树判断马路的方向，皮卡车颠簸着往前行驶。这时，迎面开来一辆铲车，司机打着双闪，比画着手势大声疾呼，但声音很快消失于风雨之中。程扶摇依稀听到了——“前面危险！前面危险！不要过去……”

两点四十分左右，皮卡车行至杭口村老街桥头时，洪水汹涌，浊浪呼啸，大家全都感受到了，汽车已失去了重心，似乎浮起来了，正顺着洪流慢慢往右边漂去。程扶摇赶紧拼命往洪流反方向打方向盘。大约意识到了什么，匡美建当机立断：“情况不对，同志们赶紧下车！”程扶摇发现车门打不开，便大声说：“快把玻璃放下，赶紧从窗户爬！”匡美建接着喊道：“全部站到车斗里，等人来救援。”

六个人奋力爬出车后，赶紧往车斗上转移。郭礼华和唐文没抓稳，一个激浪打来，二人被冲下了车。一米八高的唐文此时竟然根本踩不着地，只能在黑暗里扑腾，慌乱中，他抓到了郭礼华推过来的一捆蛇皮袋，被洪水裹挟着冲到了一块地势较高的玉米地。唐文赶紧抓住几根露出水面的玉米秆，这才从洪水里站起来。惊魂未定的唐文隐约看到车上还站着几个人，便从衣服口袋里掏出手电筒，一边使劲摇晃，一边大声呼喊：“往这边来！往这边来！”匡美建急切地回应道：“我们过不来！过不来！邓旭、扶摇不会水，你们赶快打电话，打 110！”

情况十万危急！唐文沿着玉米地一路拼命奔跑，冲进附近的一个养猪场，找到几个泡沫箱，一把抓过来，想返回去救援，谁知没走出几步，水位迅速上涨，根本无法往前迈步。耳边，只有风声和雨声。

从洪魔的利爪下幸运逃生的还有冷春生和郭礼华。三个人会合后，发现手机全部进水，无法使用，他们便一路呼救。十几个闻讯赶来的乡亲试图往皮卡车方向靠近，遗憾的是，风高浪急，大伙根本无法前行。

三点钟左右，杨坊村的党支部书记找来一条渔船，船只载着大家沿路边的树往前仔细搜寻，然而，近一个小时过去了，皮卡车销声匿迹，人，更是无影无踪。眼前，唯有白森森的闪电、疯狂的恶浪、暴躁的雷声、骄横的雨水。

绝望的呐喊。绝望的眼泪。绝望的祈祷。

杭口镇值班室里，匡梦林凝视着暴雨如泼的窗外，毫无睡意，不知为何，她有一种说不清的担忧和焦虑。忽然，电话铃声大振，她一把抓过话筒，里面是冷春生急骤的喊声：“快！赶快报警！匡书记、邓镇长、程扶摇三个人被洪水冲走了！”一瞬间，匡梦林的脑袋仿佛被引爆了，她用颤抖的手去拨 110。报完警，匡梦林尝试着去拨程扶摇的手机号，但电话那头只有盲音。眼泪，不听话地滚落下来，她双掌合十，不住念叨：“黑摇呀黑摇，你一定要活着回来……”

三时五十分，万民福获知此事后，立即向修水县委、县政府主要领导报告，请求县里支援。县里立即启动应急预案，很快，由公安、消防组成的救援队赶到，投入紧张的搜寻工作。多支民间救援队也自发赶过来了。由县、乡、村干部群众数百人组成的搜救队不分昼夜，沿着修河打捞。

令人欣慰的是，当晚，杭口村群众顺利转移，双井村群众安全疏散。

6 月 25 日上午，洪水渐退，离事发地几十米开外，一片玉米秆齐刷刷地倒向水流方向，那辆皮卡车顶露出水面，红色小喇叭特别显眼。搜救人员在皮卡车附近，发现了匡美建的手机和穿过的雨衣雨靴。

奇迹没有出现。

6 月 27 日十一时许，程扶摇的遗体在距离杭口镇二十公里处的修河南圳大桥被发现，粗粝的沙石覆盖着这个二十八岁的青年。令人心碎的是，多日过去，匡美建、邓旭一直失联。

修河恢复了平静。杭口依然炊烟袅袅。幕阜山的三个儿子，却再也听不到人间的欢声笑语。

↓ 平日里安静的修河

二

火车风驰电掣。穹隆、月光、山影、原野、村庄，一一在窗玻璃上滑过，仿佛表演着一场生动的皮影戏。

时为2013年9月，这一天，修水游子程扶摇毅然辞去自己在深圳一家外企的工作，踏上迢迢千里归乡路，即将拉开其大学生村官生涯的帷幕。

程扶摇的故乡在修水县一个偏僻的山村，他出身于教师家庭。父母对这个独子寄予厚望，取名“扶摇”，希望他茁壮成长，理想远大，像鲲鹏一样展翅翱翔，扶摇直上，做一个对社会、对人民有益的人。

近乡情怯。魂牵梦萦的幕阜山依旧是群峰竞秀，七百里修河依旧是画屏缓缓展开。杭口镇离父母亲所居住的小山村只有二十多分钟的车程，想到今后能够经常陪伴亲人，程扶摇的心里无比欣慰。

杭口镇位于修水县中部，距县城十九公里，省道柯龙线和县道茅溪线呈“丁”字形交汇于此，修河主流由此奔往下游。全镇辖有一个社区和十个行政村，其中最有名的当属双井村，它是“江西诗派”代表人物、“苏门四学士”之一的黄庭坚的故里。在东华理工大学读书时，聊到故乡修水县，程扶摇便会自豪地提起黄庭坚，讲述其“涤亲溺器”的孝道故事，背诵他的名句：“桃李春风一杯酒，江湖夜雨十年灯。”或许受黄庭坚的影响太深，他报考故乡的大学生村官，一个重要的因素，是为了侍奉双亲。

程扶摇被分配到杭口镇杨坊村担任村主任助理。对乡村，他抱有天然的亲近感，虽然父亲是教师，但程扶摇的童年、少年光阴属于山乡，青春履历上，散发着清新的泥土气息。

呈“龟背形”布局的杨坊村，有三百一十七户家庭，共一千五百三十人。虽然杭口镇有修河可以倚仗，不怕干旱，可是杨坊村由于地理位置特殊，全村一千三百多亩耕地常年需要抽水灌溉。“人心是最大的政治，为民是最好的作风。”程扶摇深知，善不由外来，名不可虚作，如果干部平时从不上门，连村民名字都叫不上来，关键时刻就别指望一呼百应。到任后，他将全村的山山水水、沟沟壑壑、村庄田地跑了个遍，串东家门，走西家屋，与村民们打交道、做朋友。慢慢地，乡亲们接纳了这个皮肤晒得黝黑的小伙子。

随着调研了解的深入，程扶摇的眉头越蹙越紧，与鹏城深圳的乡村相比，杨坊村的发展明显滞后了，每当他走进那些贫困户的土坯房时，好像有一把尖刀剜着心。可是，要改变这种落后的面貌并非一朝一夕之事。程扶摇决定利用自己的人脉资源，从帮助村干部转变观念入手，组织大家到较发达的地区去参观学习，开阔眼界，借鉴经验。观念一变天地新。杨坊村一班人埋头俯身深耕耘近四年的结果是，全村迸发出蓬勃生机，发展可谓日新月异。不妨看一组数据：新建组级公路五公里，解决出行难问题；建设水渠水堰三千米，使灌溉这一历史难题迎刃而解；建成省级新农村建设点一个；流转土地一百二十亩，组建正茂公司，用以发展蔬菜种植、水产养殖、畜禽养殖等多样化经营，带动农户就业增收。这一切的背后，少不了程扶摇的身影。

那年深冬，杭口镇狮岩上发生山火，一时之间，浓烟滚滚，烈焰腾空，情况十分危急。镇里在第一时间组织干部前往参与扑火救援。程扶摇跑在最前面，手里拿着拖把，直接冲向火情最严重的山腰。同宿舍的熊泽俊见了，忍不住惊叫：“扶摇，危险！”程扶摇却像没有听见似的，挥舞着拖把，与火魔搏斗。一刹那，熊泽俊看呆了，扶摇兄弟在火焰里冲锋陷阵，像一个不知退却的猛张飞。程扶摇“杀”红了眼，从半山腰一路往下扑，整个人被烟火熏得如同黑炭一般。

山火终于被扑灭了，精疲力竭的程扶摇一屁股坐在山梁上，敞开衣服，任凭冷冽的山风吹拂。

熊泽俊拖着灌铅一般的双腿走过来，一边喘着粗气，一边埋怨说：“你不要命了，当时那情形，想想都后怕！”

程扶摇嘿嘿地笑了，仰起一张黑乎乎的脸，看着天穹：“没事，俺命大！”山巅，一只鹰正孤独地盘旋而过。

熊泽俊捶了他一拳，笑骂道：“你呀你，瞧瞧这样子，哪里是什么扶摇，分明就是一个名副其实的‘黑摇’！”

↑ 程扶摇（左）等人救火后的合照

笑声里，熊泽俊的眼前，浮现出程扶摇在风雨中送自己上班的情景。凝视着那张烟熏火燎的脸，他的眼里忽然一派潮润。

熊泽俊跟程扶摇是同时分配到杭口镇的大学生村官，那一批的人员中，还有一位叫汪梦诗的姑娘。三人晚上住在镇政府宿舍里，白天须奔赴任职的村庄，熊泽俊在坪下村，汪梦诗在双井村，每天上下班是个棘手的问题，尤其是汪梦诗，体力较差，更有诸多的不便。不过，这可难不倒程扶摇，他买来一辆摩托车，自告奋勇给两位伙伴当“义工”。于是，杭口的乡道上，几乎每天都会出现这样的一道风景，程扶摇戴着头盔，骑着摩托车，先送汪梦诗和熊泽俊去工作地，然后自己再拐弯去杨坊村。无论是日丽风和，还是刮风下雨，程扶摇像一座闹钟，准时接送，无怨无悔。

上下班途中，也是他们自由交谈的好时光。话题很广，村里的事、镇里的事、家里的事，还有产业、庄稼，乃至社会热点问题、文学艺术。程扶摇十分喜欢《可爱的中国》里的那段名句：“到那时，到处都是活跃跃的创造，到处都是日新月异的进步，欢歌将代替了悲叹，笑脸将代替了哭脸，富裕将代替了贫穷……”每当他情绪饱满地朗诵着这段话时，熊泽俊、汪梦诗都静静地做忠实的听众。他们心潮澎湃，是啊，与那些革命者相比，生活在新时代的自己，有多么的幸福，还有什么理由不去做一头为老百姓服务的孺子牛呢？

“暖男”程扶摇的故事像修河里的水滴，微小，饱满，数不清。

2014 年，唐文通过考录从老家吉安来到杭口镇工作，第一天上班，他就与程扶摇相识了。初来乍到，人生地不熟，唐文免不了想家。程扶摇敏锐地发现了这一点，主动关心唐文的生活起居，帮助对方一步一步融入杭口镇这个大家庭。只要听说唐文心情不好，无论多晚，无论在乡村城镇，程扶摇立马开车接他出去聊天解闷。唐文感动地说：“‘黑摇’，你真是我的开心果。”

杭口镇干部夏瑜难以忘怀，2017 年 6 月 23 日，也就是程扶摇牺牲前一天，自己忙着扶贫、防汛工作，手头上的事交织，没顾上吃早餐。“黑摇”无意知道后，特意带来两个熟鸡蛋，悄悄塞到夏瑜的手中。当天晚上，程扶摇接到抗洪抢险的通知后，迅速赶到镇政府集合，他一眼瞥见同事辜云生的摩托车停放在外面，正遭受暴雨袭击，便赶紧冲过去，麻利地把车挪到了自己的办公室里。

“黑摇”就是这样的一个“暖男”，自己忙得再不可开交，心里头还不忘装着别人。“他太招人喜欢啊！”夏瑜如是感慨。

不以善小而不为，这是程扶摇的人生座右铭。买了汽车后，他驾车在村里和集镇之间往返时，只要车内有空位，都会主动把村民捎上，送到目的地。一次，马坳镇的一位老婆婆去镇里办事，谁知坐错了车，南辕北辙，误到了杭口镇政府。程扶摇第一眼见到老人时，误以为她是来办事的，就主动上前了解情况。弄清原委后，他扶着老婆婆，送她登上开往马坳镇的中巴车，并为老人买好了票。看着汽车渐行渐远，程扶摇仍不放心，掏出手机给一位在马坳镇政府工作的朋友去电话，请对方帮助老人，协调解决其事项。朋友得知程扶摇与老人素昧平生，却如此古道热肠，很受感动，满口答应。

修河之所以流长，在于它不拒涓滴之积累；幕阜山之所以逶迤，在于它容纳了每一座山峰之高低。

程扶摇对亲人常怀一颗珍爱的心。参加工作后第一次领工资，他便专门去商场给外公买了一件三百多元的衣服。每当父母稍有病痛，程扶摇一旦忙完工作，就一定会连夜赶回山村，陪伴在侧。当妻子或儿子稍患感冒，哪怕加班至深夜，他也会披星戴月赶回家里，悉心照料，生怕有半点闪失。牺牲前一周，恰逢祖母过生日，程扶摇抽空回家陪伴老人，在微信朋友圈发了一张与祖母合影的照片，祝福老人生日快乐、健康长寿。

工作之余，程扶摇喜欢抱着吉他自弹自唱，或者写写小诗，俨然一副文青模样。汪梦诗至今还记得，“黑摇”初为人父时，饱含深情地写道：“那一年 / 他依然驰骋在绿茵场 / 甩掉烦恼和忧伤 / 那一年 / 他成了父亲 / 却幸福得像个孩子一样……”

程扶摇酷爱体育运动，尤其是对足球情有独钟。作为修水县足球队主力队员，他最爱的球队就是“皇马”，最喜欢的球星就是 C 罗。程扶摇在球场上的拼搏勇猛，可谓有目共睹。他丝毫不隐瞒自己的“野心”：第一步，带着修水县球队拿下九江市联赛第一名；第二步，团结更多有识之士，一起改变修水足球现状，让更多的人喜欢足球。为此，程扶摇趁着假日休息时间，走进学校，在绿茵场上和学生踢球、交流，不遗余力地帮助孩子们提高球技。

“咱们的‘黑摇’，实在是一个杂家，他有太多的理想和蓝图。”匡梦林的脑海里一直铭记着那个狂风暴雨的夜晚，她甚至感觉，程扶摇根本没有走，还在陪他们看电影，谈《聊斋》里的狐仙。可是，从梦中醒来，脸上全是泪水，她知道，“黑摇”是真的走了。办公室的电脑出故障了，“黑摇”再也不会跑来帮忙捣鼓了，他把一手“绝活”带往了另一个世界。

贝多芬曾经说：“我愿证明，凡是行为高尚与善良的人，定能因之而担当患难。”程扶摇以平凡的点滴之美，流淌出修河一般绵长宽广的大爱之河。

那天，听说程扶摇失踪后，杨坊村七十多岁的村民祝益寿执意要参加搜救。他红着眼睛说：“小程是个好小伙，为杨坊村办了不少好事，我们村里人都很感激他，大家都在到处找他……”

三

凡是与程扶摇打过交道的人都说，他似乎永远有使不完的劲。

一个心中有爱的人，从来不会丢失那轮太阳。

被借调到杭口镇政府工作后，程扶摇找到镇里分管精准扶贫的人大主席徐文进，主动请缨道：“徐主席，脱贫攻坚是我们目前的头等大事，也是最能锻炼人的地方，作为一名年轻干部，我想担任我们镇里的扶贫专干，为群众多做一点事，希望组织上能够批准。”

徐文进闻言，十分意外，要知道，扶贫是桩辛苦活，很多人唯恐避之不及，而程扶摇却反其道而行之，实在是令人刮目相看。徐文进的眼睛亮了。

就这样，程扶摇如愿以偿，担任了工作繁重、业务性强的扶贫专干职务，兼顾协助镇班子成员从事易地扶贫搬迁、新农村建设、综治等工作。这些工作，无不涉及老百姓的切身利益，来不得丝毫马虎和懈怠。

扶贫工作是一项重要的民心工程，政策性强、业务量大，干好这件事，既要有高度的政治责任感，又要有过硬的业务素质和吃苦耐劳的精神。杭口镇的不少村干部在五十岁左右，文化水平不高，填报的表格有时候难免不合规。作为一名扶贫岗位“新兵”，程扶摇只要有空就背着笔记本电脑进村入户核实、核对数据信息，宣传相关政策，让每一个数据经得起推敲、经得起检验。不到半个月，他便跑遍了全镇三百八十四户贫困家庭，扶贫日志上密密麻麻记满了贫困户的基础信息。当别人进入甜蜜的梦乡时，程扶摇办公室的灯还亮着，他默默地核表、校稿、录入数据，以电脑键盘当“琴键”，循环往复，他人眼里最枯燥的事，成为他百听不厌的最美“音乐”。超负荷的付出，换来杭口镇扶贫软件建设的严谨规范，经得起查、经得起问、经得起看。修水县的业务部门到杭口镇督导检查，只要报出贫困户的名字，程扶摇不用看档案资料，就能准确说出贫困户的家庭住址、致贫原因、帮扶措施等信息。督导组的工作人员赞叹，称程扶摇是杭口镇精准扶贫的“活字典”。

刘娇莹作为杭口村负责精准扶贫工作的村干部，很喜欢跟程扶摇打交道。在她的记忆里，这个肤色黝黑的小伙子很有礼貌，但凡有业务知识需要找他咨询，程扶摇总是耐心细致地做好解释和指导，从不敷衍塞责。刘娇莹经常要报送精准扶贫一卡通信息、易地扶贫移民搬迁户资料等，令她感慨的是，程扶摇往往不是简单地汇总，而是每次都要打来电话，对资料中的身份证号、户主姓名等内容一一核实，对有出入之处反

↑ 程扶摇工作过的茅坪村办公楼

馈完善并修改到位。刘娇莹有一次调侃他：“黑摇”大帅哥，你干活比绣花姑娘还细。

无独有偶，杨坊村的村支部书记章水彬也有类似评价：“小程是个好后生，不娇气，不拖拉，能吃苦，有耐心，安排的工作不管多忙都能按时完成，老百姓反映的事总是有问必答。”

2017年年初，考虑到“十三五”贫困村茅坪村有五十一户贫困户，脱贫攻坚任务重、压力大，镇里将程扶摇调整到该村担任扶贫工作组组长。上任的第一天，程扶摇了解到村里其他干部年龄偏大，对办公软件不太熟悉，就主动承担起村里信息录入、档案资料整理的工作。他对村支部书记陈华东说：“作为镇里的扶贫专干，我所驻的村扶贫业务不能拖全镇的后腿。”

按照相关安排，程扶摇在村里负责结对帮扶了两户困难家庭，一户是塅下组的张先行，一户是曾家源组的范春江。由于白天忙不过来，他便利用晚上到贫困户家里开家庭会的时间，帮助“诊断”贫困病根，对症下药。

张先行已经七十多岁了，自己患了肺病，老伴陈丽华则有内风湿的毛病，且腿有残疾，一家六口人，缺劳动力，只能靠卖豆腐维持生计，生活极度贫困。那天，程扶摇登门家访，正好遇见老两口在颤颤巍巍地磨豆子，准备做豆腐。山风吹起银丝，飘进程扶摇的眼睛，他情不自禁想起家中的祖母。陈丽华一瘸一拐地要去泡茶，程扶摇赶紧拦住，握着张先行枯柴一般的手，他心里不是滋味。

程扶摇悄悄行动了。他找到相关部门，帮助陈丽华办理了残疾证，使她终于享受到了补助。针对张家缺劳动力的实际情况，程扶摇给张先行出主意，通过养鸡补贴家用，后来，他又建议张先行建一个小豆腐作坊，拓展生产，增加收入。张先行没有吱声，看了老伴一眼，一副犹豫不决的样子。程扶摇猜到了老人的心思，便耐心地向他们详细解读了精准扶贫优惠政策。老两口的脸上渐渐舒朗起来，绽开了难得一见的笑容。

范春江常年在广东务工，其父亲于2013年因直肠癌去世，欠了一屁股债。他的妻子曹明燕负责在家照顾患脑梗的老母亲和一双上学的儿女，里里外外都靠她一个妇道人家支撑。

那天，程扶摇冒着炎炎烈日，吭哧吭哧骑着自行车来到了地处山旮旯的曾家源。绕着几间土坯房兜了一圈，程扶摇皱紧了眉头，对着曹明燕说：“嫂子，你这危房隐患太大，得重新整。”曹明燕眼里一酸，茫然地看着清幽幽的杭山，深深叹息了一声。程扶摇当然听出了什么，他告诉对方，镇里正在清明咀那儿征地，准备安置茅坪村易地搬迁户，曾家源的环境不适合居住和发展，建议她和范春江商量一下，用好相关政策。

曹明燕听得心动，却又觉得热土难离，丈夫、母亲不一定赞同。她陷入了踌躇之中。

程扶摇不灰心，隔三岔五，就登门走访。

一个傍晚，程扶摇走进曾家源，正好碰见曹明燕在挑大粪。寂静的山野里，一个孱弱的村妇摇摇晃晃地走着，她没有注意倦鸟归林的身影，也没有看到余晖染红层云山巅的情景，她只关心粮食、蔬菜、卧病的母亲和孩子们的学费。无比酸楚的程扶摇冲过去，抢着接过担子。顿时，曹明燕感动得热泪盈眶。

程扶摇一边帮忙浇地，一边恳切地说：“嫂子，叫大哥回来务工吧，我联系好了本地的一家鞋厂，月工资三千五百余元，虽然不高，但总比漂泊在异乡强。如果大哥回到修水工作，我再琢磨琢磨，你们还可以在

← 异地搬迁后曹明燕等人的新居

种植、养殖产业方面干出点名堂。”

真心比金子贵。范春江义无反顾地回到故乡工作，易地搬迁的事水到渠成，种植、养殖产业顺利落地。程扶摇的所有承诺，逐一兑现。范春江、曹明燕越来越喜欢这个又阳光又真实的“黑摇”兄弟。

2017 年 4 月下旬以来，按照江西省统一部署，修水县全面开展脱贫攻坚问题整改工作，很多建档立卡贫困户的数据需再次精准识别，重新修改并录入国家扶贫系统。面对人手少、时间紧、任务重的情况，程扶摇没有向组织提出任何要求，没有半点怨言，而是以单位为家，夜以继日，一个人完成了全镇的材料归档录入工作。与此同时，清明咀易地搬迁工程正紧锣密鼓地实施，其征地涉及合塘、山下、黄家三个村民小组，工作难度大，程扶摇挨家挨户上门服务，以政策为原则，晓之以理，动之以情，逐渐打开局面。他接着跑资金拨付，起草统规代建协议书，常常恨不得“分身有术”。

两个多月的时间，程扶摇只回过三趟离杭口镇不到十五公里的家。在银行工作的妻子实在“忍无可忍”，追到单位来，看着满脸晒得更黑的丈夫，心疼不已，哽咽道：“你这个‘拼命三郎’，再怎么样，家还是要的呀！”

直到程扶摇牺牲后，妻子方才明白过来，其实，丈夫的心早就分成了两半，一半属于亲人，一半属于扶贫。

四

夕照渐薄。杭山如禅。

杭口镇政府院子的右侧，坐落着一栋小楼，程扶摇曾经工作的办公室就在一楼，为方便群众办事沟通联系，他特意在办公室门口贴着自己的微信二维码。

匡梦林轻轻推开那扇门，很慢，很小心，生怕惊着什么。她回头朝我小声说了一句：“这儿的一切，基本保持原貌。”

有些陈旧的办公桌上，摆放着一台显得老气横秋的电脑。窗外，北望，可见修河流淌过无数“翡翠”，一畦畦菜地紧紧挨着，芥菜、萝卜的叶子没有风霜的痕迹，堤上耸立着一行行落尽叶子的树，像国画的意境。“河的对岸，就是茅坪。”匡梦林说。

这是 2020 年的岁末，此时，程扶摇已然牺牲了三年半。我的到来，将杭口镇的许多人重新带回了那段悲伤的日子里。

茅坪村村委会副主任王石生不会忘记，当程扶摇的遗体被找到后，父亲程永祥颤抖着双手不断抚摸儿子的脸，良久，忽然爆发出撕心裂肺的哭喊：“崽啊，现在没事了，我们回家吧！”一边，不到两岁的孙子根本不知道发生了什么，只管哭闹着要爸爸抱。

两层楼的茅坪村村部小楼前，几棵年岁不长的桂花树依然青绿。王

↑ 从程扶摇生前办公室的窗口看到的修河夕照

石生打开一楼右侧的办公室，比画着告诉我：“那年，扶摇坐这儿，我坐那边，一起待了好几个月，是他教会了我用电脑。可惜了，做梦一样……”

现实远比梦乡残酷。已经调往九江市区工作的汪梦诗只要一提到“黑摇”，顿时，满脑海全是程扶摇当年送她去双井村上班的影像。几年来，她一直不愿意接受“黑摇”牺牲的事实。“他是个热心肠的人，不管是对待同事还是普通群众。2017 年是他任‘大学生村官’的第四年，即将转正，我们本约好他转正时一起庆祝，可是……”泪水，扑簌簌地掉落。

听到程扶摇遇难的消息，张先行、陈丽华老两口一夜未眠。“我们都舍不得他，很心痛，在家里想起这个事就会出眼泪”，张先行神情哀伤地说，“扶摇来我家来得勤，像孙儿一样贴心，我还说等家里好起来了，要把最大的鸡宰给扶摇吃，谁知道，我们再也等不回这个孙儿。”

那个“暖男”程扶摇，那个热爱文艺的“黑摇”，那个心田里还有很多种子来不及发芽、开花的平凡英雄，真的不会再回到杭山之麓、修河之畔了。

2017年6月30日下午，从修水县殡仪馆到十公里外的仙姑山入口，十里长街两旁，数万名民众冒雨送别英雄程扶摇。有人撰写了一副对联：“三更风雨行，道义担肩，一念身心系乡梓；万里扶摇去，勋名载史，满城父老送英雄。”有人在这天清晨梦见扶摇，醒来后急就一首题为《我的灵魂本该如此安放》的诗歌，其中写道：“我的灵魂该往何处安放 / 洒在杨坊的村塘 / 还给杭口的伙伴 / 顺着幕阜的山峦 / 激动着修江的波浪 / 我的灵魂该往何处安放 / 投在篮球的圆筐 / 跑在绿茵的赛场 / 索性就直叫我的绰号 / 黑摇、黑摇……”

三更风雨铿锵行，万里扶摇无悔去。凝视着那张青春洋溢、笑意浓如阳光的肖像，我向王石生提出，去看看清明咀。

公路附近，山丘之下，一栋栋砖瓦新房整齐排列，晚霞给屋顶抹了层淡淡的胭脂。几位村民正在水泥场地上悠闲地打牌。不远处，范春江的母亲坐在轮椅上，静静地看着远山。

听到动静，曹明燕从家里走出，微笑着跟王石生打招呼。待她明白了我的来意后，瞬间陷入沉默，眼里有泪花闪烁，半晌，她哽咽道：“程扶摇真是好人呀！他经常到我家来嘘寒问暖，问我家有啥困难，尽力帮助解决。得知他被洪水冲走后，我每天祈祷，期望他能平安回来……”

王石生接过话茬：“可以说，清明咀的每一寸土地，都留下过扶摇的脚印。搬迁工程实施期间，他几乎天天来工地，操碎了心。有一次，扶摇不小心陷入一个泥坑里，连球鞋都拔不出来，他当时开玩笑说，这是在体验红军过草地啊。”

那个坑就在范春江的新屋后面，如今是水泥地，曾经的一切如今荡然无存。王石生依然记得大概位置，他用手指画着给我看。朦朦胧胧中，我似乎看见“黑摇”一边哈哈笑着一边跳着脚去捡球鞋的样子。

松涛低吟。鸟鸣滴落。暮色苍茫。久违的炊烟环绕着清明咀，风中飘来阵阵饭菜香。如今的清明咀，安详，静谧，像一个现代版的世外桃源。

又一次走近修河。夕阳藏入青山的背面，那片绯红的云霞仿佛即将消失的霓裳。我这个远方的过客，已经无法想象杭口镇的那场惊天洪水。徘徊于修河边，我似乎听到了有谁在吟诵《我们都是程扶摇》——

一棵树已经扎根了
说明他钟情于这块土地
像夸父钟情太阳
像大禹钟情河流
冲走的只是枝叶
溺亡的只是名字
不，这名字还活着
像洪水淹没这片土地一样
这名字淹没每一个人
流进八十万棵树里
在紧紧相连的根系中滚动
他们将会拥有同一个名字——程扶摇

02

『有我在呢』

一

每逢农历一、四、七，是余干县九龙镇十里八乡的老百姓赶集的日子。

瓜畲村是九龙镇人民政府驻地。每到赶集日，村会计、扶贫专干龙泽敏在街边开设的那家杂货铺里，便挤满了购买日常用品的村民。龙泽敏是个地道的重庆女子，当过知识青年，经亲戚介绍，1978 年远嫁到了瓜畲村，烟熏火燎数十年后，她已经变成地道的余干人了。

作为在村委会待了四十年的老人，龙泽敏是瓜畲村名副其实的“活地图”，她张口便可以报出：瓜畲村行政区域为三点九平方公里，全村三百八十九户、一千九百七十八人，其中贫困户九十五户、四百零二人。对于东家的头疼，西家的脑热，北家的喜事，南家的愁苦，龙泽敏可以不必翻阅台账，像竹筒倒豆子一般，一口气全报出来。

有人夸她：“你是瓜畲村独一无二的百事通。”

龙泽敏却毫不犹豫地道：“不，还有万书记，万学贤。”说着，她下意识地往杂货店门口的右侧看去，然而，竹椅上没有那个熟悉的身影。她忽然醒悟过来，万书记已经走了三年多了。

时间是治疗心灵伤口的最佳良药。然而，或许是过于熟悉的缘故，龙泽敏至今还没有完全接受万学贤去世的事实。有时候一抬头，她觉得街道上有个熟悉的身影，忍不住追出门去，但她很快失望了，自己认错了人。

独处时，龙泽敏也常暗暗觉得奇怪，明明相处不过两个多月，为何万学贤会让她如此刻骨铭心？她似乎记得每一个细节，记得每一幕场景，记得每一个故事。她也乐于讲述自己印象中的万学贤，那个长得壮实、低调内敛的年轻人。

往事，像春草一般，不经意间，便蓬勃地生长起来，爬满整个心灵。

2017 年 5 月 6 日，主动报名参加扶贫工作的余干县文广新局农村文化三下乡办公室主任万学贤，被派驻到九龙镇七个贫困村之一的瓜畲村担任村党支部第一书记。“瓜畲”，据说是由于畲族的一支分支曾经落脚于此而得其名，不过，这支畲族后来迁徙去了他方。瓜畲村村部地处集镇附近，是一排老式平房。乍然一见，万学贤感慨：瓜畲的贫困情况，由此可窥一斑。万学贤的卧室被安排在会议室的隔壁，是临时腾出来的，没有空调，也没有电风扇。村支部书记王才昌抱歉苦笑：“万书记，村里就这条件，先将就一下吧。”

↓ 如今的瓜畲村村部

次日一早，龙泽敏遇到买早点的万学贤，见他一脸疲惫，便开玩笑道：“万书记，是不是想家了？”

万学贤做了一个扩胸运动，摇摇头：“实在太热，睡不着。”犹豫了一下，他轻声说：“龙会计，麻烦个事，我每天要熬药，村部不方便，想在你这儿添个麻烦，不知道方不方便？”

“当然方便”，龙泽敏很干脆地应道，“万书记，你的身体……”

万学贤说：“其实也没什么大碍，只是肠胃不太好，有时候腹泻。”

龙泽敏这才知道，万学贤最近动了个手术，却一直瞒着大家，随身带着一个黑陶药罐子。

因为要在龙泽敏家里熬中药，万学贤便有事没事在杂货店门口的竹椅上小坐，有时候向龙泽敏了解村里的情况，拿笔在随身携带的小本子上记录下来，有时候则盯着小街发发呆。

瓜畲村没有伙食团，万学贤便在贫困户王国才开的小餐馆里搭伙，早晨则往往买两个馒头，就着一瓶酸奶打发。遇到村里的小孩眼巴巴看着时，他顺手便把早点递给了孩子。

龙泽敏发现，万学贤十分节俭，抽的烟很便宜。

九龙镇党委委员、武装部长吴思遐也发现了，说：“学贤，这烟比较呛。”

万学贤嘿嘿一笑：“老百姓喜欢抽这个，我这样更容易拉近跟贫困户之间的距离。”

这些年来，龙泽敏用心跟瓜畲村的村民们打交道，赢得了大家的认可。但令她叹服的是，万学贤只用了个把月，便把瓜畲村的情况摸得一清二楚，而且，口碑越来越好。

秘诀何在呢？她暗暗好奇。

借着万学贤熬药之机，龙泽敏“套”出了不少小秘密。

——那天黄昏，万学贤从程家组走访贫困户返回村部时，路遇瓜畲三组的王吾杰老人扛着锄头徒步回家，他当即停下来，邀请老人上自己的私家车。老人连连摆手：“我身上太脏，还是自己走吧。”万学贤说：“我也是农家的孩子，有土便是金，没关系。再说，离您家好几里地呢，早点回去吃饭！”说着，他将老人推进车门。

——那天，万学贤无意得知，瓜畲三组贫困户王生根的孩子从外地返回，因半夜抵达鹰潭火车站，无法回余干，他二话不说，开车就往鹰潭赶，将孩子连夜接回。

——那天，贫困户王军海的妻子因病去世，万学贤掏出两百元钱，说：“这是我个人的一点心意，别嫌少。以后的日子还很长，要好好过。”

短短的数十天时间，万学贤用脚丈量着瓜畲的山山水水，把贫困户的情况摸了个遍，谁家最想办的事情是什么，谁家最急需帮助，谁家最穷，谁家最有想法，哪一个人最爱偷懒，他心间有了一本账，清清楚楚。

渐渐地，瓜畲村的贫困户们都爱听万学贤的一句话：“别急，有我在呢！”

万学贤像一枚暖心的小太阳，照耀在瓜畲村的山水田地之间。

二

入夜后的程家组，村道边，竹影如泼，一灯如豆，贫困户王春胜、彭新娥两口子招呼家人吃晚饭。桌上，摆着一盘炒莲藕、一盘炒包菜。

门忽然“吱呀”一声被推开，露出万学贤一张笑眯眯的脸。他往厅堂里看了一眼：“抱歉，我来的不是时候。”

彭新娥连忙上前打招呼：“没事，没事，正好，跟我们一起吃饭吧。”

万学贤的目光往桌上一扫，再在王家六七口人的脸上转了一圈，心里顿时像吃了口破了胆的鱼，他摇手道：“不了，不了，我刚刚从别人家串门过来，吃过了。”

性格直爽干脆的彭新娥不干了：“万书记，如果你不吃，我们全家人都陪着你挨饿。”

↑ 万学贤（右）与贫困户

万学贤噎住了，很快，他说：“婶子，我吃！”王春胜呵呵笑着拉他在主位坐下。彭新娥则风风火火进了厨房，临时煎了一大盘鸡蛋。

草草果腹后，万学贤跟王春胜、彭新娥坐在厅堂里聊天。对于这个贫困家庭，万学贤之前摸过底，知道个大概：王春胜患有慢性肾炎，不能干重体力活；大儿子的胃不好，长期服药；小儿子前一阵子突发胰腺炎，好不容易抢救过来，可谓虎口逃生。几番折腾，一家人的日子可想而知。

彭新娥默默打开旁边的木柜子、电冰箱，里面全是各种各样的药。她叹息说：“别人家买冰箱是放菜放水果，我们家却是用来冷藏药品。”人说，久病成医，慢慢地，没上过几天学的彭新娥懂得了不少药理知识，盯着家里的几个病号，“逼”着他们按时服药。

王春胜勾着头，默不作声。万学贤轻轻拍了拍他的肩：“叔，你放心，我在这儿呢，会想办法。”

这天晚上，几个人聊到了午夜。万学贤对这个家庭面临的困难心中有了数。

不久后，万学贤通过正常流程，为王春胜解决了低保户问题。

王春胜的大孙女叫王雅雯，成绩特别棒，当时正面临中考。可是，懂事的孩子犹豫了，家里如此拮据，一旦考上县重点高中，无疑，又是一大笔开支，这让风雨飘零的家该如何承担?

王雅雯吞吞吐吐地向万学贤叔叔谈到了自己的忧虑。

“千万别放弃”，万学贤脱口而出，说，“有我在呢，我会找到法子的。”

万学贤第一时间向余干县文广新局的领导汇报了王雅雯的困难，经过商议，他们前往拜访“五一超市”负责人苏桂秀。办事干练、乐于助人的苏桂秀得知他们的来意后，十分感动，爽快地答应道：“只要王雅雯考上县重点高中，我愿意每年资助她五千元学杂费。”言必行，行必果，几天后，苏桂秀登门看望了王春胜一家，将三千元慰问金塞到了彭新娥的手中。

万学贤平时话不多，却很善于跟群众打成一片。有时到程家组来走访，他学着村民的样子，一屁股坐在台阶上，与大伙唠嗑。彭新娥的孙子当时才四岁，特别喜欢跟万叔叔做游戏，那一刻，三十七岁的万学贤仿佛一个淘气少年，玩得是那么的“疯”。

2017 年 7 月 14 日傍晚六七点钟，彭新娥忽然给万学贤来了个电话，话语里透着满满的疲惫：“万书记，有时，我觉得日子太苦了，可这脸上，还得装着满不在乎，我怕春胜挺不住，怕儿子们受影响，我怕呀……”

万学贤安慰道：“婶子，放心，有我在呢，咱们一块来面对。”他告诉彭新娥，自己已联系好了浙江温州的一个厂家，马上就可以让瓜畲的女子、老人做上手工活，在家里就能赚钱。

彭新娥听得欢喜，连连点头。她当时没有想到，这是万学贤跟她之间的最后一次通话。当天深夜，万学贤因长期抱病工作，劳累过度，引发心源性猝死。

三

巡山归来的瓜畲四组护林员、贫困户王思旺习惯性地坐在家门前纳凉。

王思旺生于1963年，2002年被查出肠道有恶性肿瘤，因病致贫。

“思旺，你这头发老长，该剃一剃了。”妻子在他跟前放了一杯茶水，随口提醒他。

妻子无意的一句话，好像唤回了王思旺的某些记忆。他情不自禁地想起，那年，万学贤书记从余干县城组织了一批志愿者来给贫困户们理发，当时，万学贤还专门跑来叫他：“思旺大哥，抓紧去村部，你这头发太长，该打理打理了。”

那么热情似火的一个人，怎么说走就走了呢？王思旺端着茶水发呆。

2017年5月的一天，在龙泽敏的陪同下，万学贤前来登门走访。万学贤皮肤黑黑的，像个庄稼汉子。两人一见如故，相谈甚欢。一席话谈下来，王思旺对这位“80后”第一书记充满好感。“贴心，亲民，务实。”他在心中暗暗给了万学贤一个评价。

“思旺大哥，你可以帮忙带着我去那些贫困户家认个门吗？”万学贤问。

王思旺满口答应。

从这一天起，只要有空闲，王思旺便陪着万学贤挨个去贫困户的家里了解情况，一口气走访了三十多家。

那回，他们准备去看望瓜畲六组的贫困户王三根，走到半路上，万学贤忽然脸色惨白，慢慢蹲下身，说：“老毛病了，胃疼。”以前，万学贤经常带人送戏下乡，吃饭没有准点，这病便是那时落下的，尽管做了手术，但胃疼还是有一茬没一茬的。

王思旺赶紧递上一瓶矿泉水。万学贤喝了几大口，然后就着水服药。

“要不，今天就算了？”王思旺用征询的目光看着万学贤。

万学贤摇摇头：“继续吧，人家贫困户有啥想法，我一点都没弄清，不行啊。”

走访工作进行到贫困户王加强家，卡壳了。王加强没什么文化，因病致贫，平时跟在外地工作的儿子不太沟通，不了解情况，一问三不知。万学贤只好采取“曲线救国”的方式，从王加强的儿子、亲戚和村干部那儿打听，“拼图”一般理出这个家庭的基本情况。这一耽搁，忙到了晚上九点多钟。

在枫山咀组，万学贤吃了个“闭门羹”。贫困户王选来似乎有抵触情绪，哼哼道：“你们干部来扶贫不过是做做样子的，上面有什么好政策，还不是被那些村干部的亲朋好友先沾光了。”

万学贤没有生气，守在门外，耐心地倾听着对方的宣泄，让他把憋在心里的怨气全部释放出来。万学贤承诺，有他在，一定对贫困户的政策、实际情况、操作流程全部做到公开、透明，也欢迎王选来随时监督。

以人为本，实事求是，通过万学贤挨家挨户实地调查了解，经过民主评议，瓜畲新增七户贫困户，对于这个结果，村民一致认可。王选来的眼睛开始澄澈明亮起来。

一个阴天，万学贤边走边告诉王思旺：“我准备通过同学和朋友，给

↑ 万学贤（左三）认真聆听贫困户心声

那些留守在家的妇女介绍简单的手工艺加工的工作，增加大家的收入。”

走到村部附近的一条巷子里，天忽然下起了大雨。两人慌忙跑到屋檐下避雨。这时，瓜畲二组王吾华的八旬老母蹒跚着过来，老人没带雨具。说时迟那时快，万学贤箭一般冲出去，把老人扶到王思旺身边，跟他丢下一句话：“思旺大哥，你照看一下老人，我去村部拿伞。”

不过一会儿，万学贤飞快地返回，手中拿了两把伞。他将其中一把交给王思旺，要他先回去，自己则一手撑伞，一手搀扶着老人，说：“奶奶，我送你回家。”

王思旺没有马上离开，他呆呆地看着两人消失在巷弄的拐弯处，心里头热乎乎的。

没过几天，瓜畲村部又一次热闹起来，两棵香樟树之间的空场地上，一群穿白大褂的人和村干部、驻村工作队队员一起忙着摆开桌椅。原来，在万学贤的联系下，县里的楚东医院派出一支精干小分队，前来为瓜畲村的贫困户们义诊，进行健康体检。

贫困户们高兴坏了，只要在家的，几乎人人到场。其他村民挤过来看热闹，眼里满是羡慕。

有人悄悄问万学贤：“万书记，我们不是贫困户，可以参加健康体检吗？”

万学贤呵呵笑了：“可以，当然可以啊。我这个第一书记，本来就是为瓜畲村全体老百姓服务的呀。”

顿时，周围响起一片欢呼声。

王思旺和老伴也在人群中，他忍不住朝万学贤投去赞许的目光。

人心是肉长的，真情得用心去换。一来二去，万学贤跟王思旺一家人结下了深厚的感情。

一个星期天，万学贤开着私家车过来，从后备厢搬下两箱酸奶，拎下一袋香蕉、一袋苹果。王思旺慌不迭地推辞：“万书记，使不得，你这是太见外了。”

万学贤却笑着调侃道：“这是给你侄女的，没你的份。”

王思旺的三弟 2013 年因车祸去世，留下三个女儿，日子过得十分艰难。这次回到县城家中，万学贤跟在余干县第五小学当老师的妻子董嫔姬提起此事，妻子觉得孩子们实在是太可怜，便特意去买了一堆水果和食品。

王思旺百感交集，紧紧抓住万学贤的手，用力摇着。

不过，每次想到三个侄女的未来，王思旺难免顾虑重重，随着孩子越来越大，学杂费、生活费越来越高，这个家庭如何支撑下去，他没有底。

“思旺大哥，放心吧，有我在呢。”万学贤还是那句暖心的话。

四

古有大禹“三过家门而不入”，今有学贤追先贤。龙泽敏总是说，万学贤这名字，几乎就是他的人生座右铭。

面对瓜畲村部一穷二白的境况，万学贤决定先把扶贫制度办法整理上墙，把责任牌摆在每位干部的眼皮底下。九龙镇没有制作字牌、铝合金框的门市店，万学贤只好带着资料赶往余干县城求助。

接到万学贤请假去县里的电话，吴思遐说：“学贤，你已经半个多月没回家了，趁这机会，回去看看家人吧。”

万学贤嘴上答应着，可实际上，他当天晚上就开着私家车回了瓜畲村，后备厢里是满满当当的字牌、铝合金框。

龙泽敏一边帮忙卸车，一边悄声问：“看到儿子了吗？”

万学贤摇摇头：“没空，我一直蹲在店里。”

龙泽敏一愣：“再忙，也得顾一顾孩子呀，他才八岁啊。”

“抓紧工作更重要。至于儿子，以后有的是机会。”万学贤一边说着，一边扛了一箱铝合金框进了会议室。

时间进入 2017 年 6 月，为迎接精准识别、重新核查各方面的检查，那天晚上，瓜畲村村支部、村委会全体干部集中到九龙镇政府办公楼加班，在之前逐户重新采集贫困户信息的基础上，通宵整理相关资料。

吴思遐也到场督战。他经过万学贤身边时，特意拍了拍对方的肩膀。万学贤咧嘴一笑。

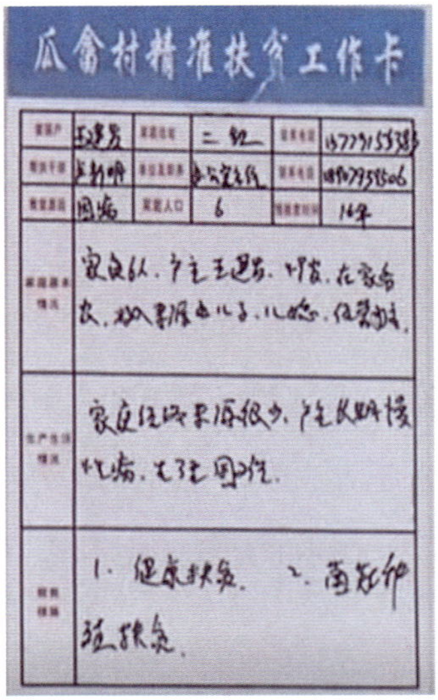

↑ **瓜畲村精准扶贫工作卡**

尽管接触不过几十天，但吴思遐打心眼里欣赏万学贤这个壮实的年轻人。吴思遐对全镇十五个驻村第一书记在心里排过队，认为要论做事认真、容易沟通、善于用脑的，万学贤当属第一。万学贤的妻子董嫔姬是九龙镇润溪村人，遇到农忙时，万学贤还会去乡下帮岳父岳母收割稻子。吴思遐听说此事后，更是对万学贤刮目相看。

龙泽敏发现万学贤的脸色不太好，便轻轻问道：“吃药了吗？”

万学贤摇摇头：“忘记带了，也没时间去你家熬中药。就一天，没事的。”看着龙泽敏关切的目光，他转而安慰道：“不过你放心，晚饭我是吃了的，今天去贫困户家走访，对方太实诚，非要留我吃饭不可。”

龙泽敏笑了。

万学贤跟着调皮地补充了一句：“你放心，我没有违反纪律，交了二十块钱。”

高强度的工作运转，让万学贤的病躯愈加不堪重负。不知从何时起，腹泻的现象频频发生。不过，任何困难都挡不住万学贤为瓜畲村奔走的脚步，如果说主动请战时还只是一腔热血，那么，通过与瓜畲村的父老乡亲朝夕相处，他真的深深爱上了这方土地。令万学贤欣慰的是，经多方协调，筹措资金，村里的菌菇种植合作社开张了，有八十九户、三百八十七人入股。

半个多月后的一个中午，万学贤像往常一样，坐在龙泽敏杂货店门外的竹椅上，跟龙泽敏有一阵没一阵地聊天，不时埋头盯着手机看，若有所思。心细如发的龙泽敏适时打住了话题。

“龙会计，温州那边要过来考察了。”万学贤忽然抬起头，黑黑的脸膛上绽放着笑容。

原来，万学贤留心到瓜畲的贫困户中有不少老人、妇女守在家中，没有什么经济来源，他便通过同学的关系，与浙江温州的一家企业挂上钩，准备组织大家搞手工艺加工，包括女性头饰、汽车饰品、小玩具等。这几天，该企业负责人决定到瓜畲村实地看一看。

在万学贤的精心安排下，考察活动取得圆满成功。温州客人当面承诺，回去后便组织装货。为此，万学贤还特意叮嘱龙泽敏负责分配任务和回收成品。

万事俱备，眼看此事瓜熟蒂落，谁也不曾预料，几天后，万学贤便突然英年早逝。

五

在同事眼里，万学贤是个“工作狂”，全身心扑在岗位上，从不言苦，从不找任何借口。担任农村文化三下乡办公室主任的十年间，万学贤的足迹遍及全县二十七个乡镇，建起三百八十九个村级农家书屋，成为乡间路上的“文化使者”。

在父母眼里，万学贤是个名副其实的孝子。参加扶贫工作之前，他再忙也会抽空进厨房帮母亲做饭，再忙也会陪父亲聊聊天。万学贤坚持每年给两位老人分别买一套衣服，添一双鞋子。驻村瓜畲后，两个多月里，他只在家里待了五天，根本无暇照顾父母，跟老人通电话时，万学贤深感愧疚。父亲母亲通情达理，安慰道：“你现在做的工作很有意义，你把工作做好了，不辜负组织，就是孝。”

在妻子董嫔姬眼里，从江西省文艺学校毕业的万学贤“是个很会哄人开心的人”。每年到了董嫔姬的生日那天，哪怕再忙，万学贤都会悄悄地备好一份生日礼物。无论是送戏下乡，还是驻村扶贫，万学贤心中记挂着妻子、儿子，一旦空闲下来，一家人便通过视频聊天的方式，相互逗乐，相互鼓励。万学贤去世前一天，还给妻子洗头、剪脚指甲。

2017 年，那个悲伤的日子终归来临了。

7 月 12 日，星期三。已经扑在瓜畲多日的万学贤接到小港村党支部书记胡达英的电话，希望他能帮忙调度一批图书给当地的农家书屋。考虑到正好要给县文广新局上报一个扶贫材料，加上身体一直不适，万学贤决定请假回县城一趟。

7月13日，星期四。由于腹泻严重，壮实的万学贤扛不住了，不得不就近去了一家私人诊所看病，打完点滴，他便抬脚赶往县文广新局，抓紧准备工作材料。

7月14日，星期五。从上午到黄昏，万学贤总算坚持把扶贫材料和农家书屋的事忙完了。待吃好晚饭，万学贤跟妻子说：“我得赶回瓜畲住。按县里的规定，明天星期六是全县扶贫日，干部必须上贫困户家走访，我要做准备工作。”

董嫔姬知道丈夫的性格，一旦决定，九头牛都不一定能够拽回来。可是，凝视着万学贤苍白的脸，她实在是心疼，便试着劝说他先休息，看情况再说。

“学贤，别太蛮，好吗？”董嫔姬强忍着眼泪，她实在是心疼自己的丈夫。

万学贤看着妻子，犹犹豫豫地答应多在家里待一下，等身体状态好一些再去瓜畲。

当天晚上快十点钟时，万学贤的病情急转直下，家人赶紧将他送往余干县人民医院心内科。然而，虽经院方全力抢救，还是未能从病魔手掌下救回万学贤，这个“急难险重勇担当，鞠躬尽瘁写忠诚”的汉子于二十三时三十分不幸去世，年仅三十七岁。

噩耗传来，整个瓜畲村陷入无尽的悲痛之中。彭新娥无论如何也不敢相信，拼命掐着自己的胳膊，良久，山洪暴发一般，号啕大哭。她的孙子当时才四岁多，无意从大人的嘴里听到万学贤去世的消息，竟然也呜呜地哭泣起来，嘟嘟囔囔地说：“万叔叔不能陪我玩了，万叔叔不能陪我玩了……”

“多好的人哪，咋这么年轻就走了？！”王思旺像丢了魂似的，一整天，都不愿意吱声，眼前，是万学贤那张黑乎乎的笑脸，是那个搀扶着老人行走在雨中的背影，耳际传来的是那个熟悉的声音：“放心，有我在呢。”

龙泽敏两眼呆滞地盯着杂货店门口那张空荡荡的竹椅，轻轻抚摸着那个黑陶药罐，神思恍惚。她感觉，小街上往来的每一个人，都是那个熟悉的人，她拔腿去追，却发现是陌生的路人。

余干县委宣传部副部长李树清得知噩耗时，正在奔赴梅港乡老虎口村扶贫的路上，他强忍悲痛，忙完工作后，匆匆直奔万学贤的家。他翻找到当年和万学贤一起负责东南片区和琵琶湖片区棚改留下的照片，盯着当初拍摄的合影，泪流满面，含泪吟诵着自己填写的《江城子·为棚改兄弟而作》：“投身棚改历千难。朝上户，晚协商。百日攻坚，几度晓星残。夜半牵肠梦何处？袁家弄，紫辰巷。三载光阴指间淌。高楼立，道路宽。故土新居，处处人声欢。兄弟相约再聚首，杯斟满，酒尽酣。”

许多余干人至今忘不了那一幕，在送别万学贤的追悼会上，万学贤八岁的儿子不断撕心裂肺地叫着“爸爸”，以至于当场呕吐，孩子泪汪汪地看着一边的叔叔万斌贤：“叔叔，你赶快把爸爸叫醒啊！”

那天，琵琶湖的水，是余干一城人的泪。

六

一只只白鹭翩然滑翔于禾苗之间。大片的竹林掩映着程家组这个秀美乡村示范点。一棵棵马家柚树苗正在茁壮成长。

王春胜、彭新娥两口子坐在厅堂里，一边做手工活，一边唠嗑，聊着聊着，话题就牵扯到了万学贤。

“新娥，说实话，当初没有万书记，我都快没了生活下去的信心。”王春胜叹了口气。

“我知道，我全知道，万书记还为你到处谋中药呢。我们全家，都记得他。要是万书记知道，雅雯如今考上了厦门大学，他该有多么高兴。”彭新娥说着，眼泪不争气地夺眶而出。

清晨的瓜畲村部，依然是那般宁静。已经六十七岁的龙泽敏由于工作业绩突出，获得破格留用，继续奔走在瓜畲八个自然村间。

她经常会悄悄地在万学贤曾经住过的那间房子前默默站立一会儿。屋檐下的两个红灯笼在雀儿的合唱中微微颤动，两棵香樟树发出簌簌的响应，仿佛一个熟悉的声音在回响：“放心，有我在呢。”

一切如故，故人却不再来。

盯着屋顶“坚决打赢脱贫攻坚战”那几个红色的大字，她的目光渐渐模糊了……

03

郎中书记

一

除了山，还是山。岭上生白云，万木吐芳华。这是吉水县螺田镇枫树陂村的自然环境。对于摄影者、绘画者、驴友而言，这儿无异于创作和游玩的天堂；对于当地的群众来说，恐怕是像那海水，又苦又咸。

其间，尤其以多年没有公路的老山坑组为甚。进村，是一条蜿蜒崎岖的野径泥路，仅能容自行车、摩托车通行，遇到雨天，唯有艰难徒步。汽车到了这一带，顿时失去了用武之地，得停在三里地外，所有物品，须靠肩挑、背扛、手提，让人哼哧哼哧汗流浃背地走上半个多小时。

路，是老山坑组六七户人家流不完的苦汁。在吉水民间，广泛流传着一个故事，老山坑某青年外出务工时与一女子相爱，眼看着就要谈婚论嫁了，丑媳妇得见公婆，女子便头一次跟着男青年回老山坑。一进入那条野径，女子蒙了，在深山老林里越走心越寒，她忍不住怀疑人生了，木愣愣地看着男青年："天啊，你不会是人贩子吧？"好不容易抵达山旮旯里的老山坑，女子被其落后、破旧的样子吓傻了，给男青年下了最后通牒："一定要在吉水县城买房子，否则，咱们只有分手。"

故事的真伪，姑且不论，或许不过博人一笑而已。但老山坑的道路问题如同一根刺，深深地扎在枫树陂村支书谢仕发的心上。时光推移到

↑ 老山坑组界碑

2015 年年底，整个枫树陂，除了老山坑，所有村组都通了公路，三百多户村民乐得脸上开了花。可是，谢仕发高兴不起来，老山坑的“老大难问题”，像一头猛虎，拦在那儿呢。

作为乡村医生出身的谢仕发可以说能医百病，小毛病更是手到擒来，然而，他却不能不为修路的资金而犯愁。由于老山坑人丁不多，在通组公路立项上卡了壳。谢仕发不想错过良机，便使出了“持久磨人战术”，在县扶贫办、发改委、公路局和建设局之间当起了“上访户”，其情殷殷，其言切切，最后感动了各方，争取到二十二万多元资金，确定从 223 省道引出，劈开大山，修建一条一公里多的公路直通老山坑组。

谢仕发特意挑选了一个黄道吉日开工。鞭炮声中，铲车掘起了第一铲泥土。工程进度十分迅速，不过一个多月，一条两车道的泥路成形，只待择机铺上水泥。谢仕发几乎每天都泡在现场，汗一身，泥一身，一张黑乎乎的脸上，只剩牙齿是白的。

时过境迁，曾经的村妇女主任谢冬英的手机里迄今还保留着五年前的一段视频：谢仕发左腋窝夹着一个黑色公文包，与村委会主任陈信仁穿着高帮雨鞋，缓缓走在刚刚挖通的进山公路上，红土壤艳美地伸入大山的腹地，他们似乎在讨论着什么，语气振奋。

2016 年 6 月 25 日，通往老山坑组的公路竣工。整个枫树陂沸腾了，村民们扶老携幼前来参观。谢仕发更是彻夜未眠，一早就带着村支部、村委会干部赶到现场。穿着蓝色衬衫、淡黄长裤和赭色拖鞋的谢仕发大步流星走在队伍前面，笑得极为灿烂。多年夙愿，一朝功成，他心里乐呵啊。

从此，老山坑组结束了肩挑背扛进村的历史。

初夏，苍山如海，我在吉水县扶贫办干部刘启东、毛小军的陪同下，乘汽车奔赴山窝间的老山坑。脑海里，是谢仕发步履轻盈走在新建马路上的样子。从省道一拐弯，一条平坦的水泥马路绵延往青山间，窗外林木掩映，禾苗青青，好一派田园风光。一盏茶的工夫，汽车忽地来了一个翩然的滑行，前方，但见几幢簇新的楼房耸立山麓，一池碧水倒映着天光云影，无数毛竹竞秀于山岭，组成翡翠屏障。

那幢大门口悬挂着“吉星高照”牌匾的三层楼房，正是村民谢学财、曾莲芳的家。厅堂里，迎面正中的墙壁上悬挂着一幅山水画，两边贴着对联：“吉星高照人财旺，喜气常盈事业兴。”我们围坐在饭桌边唠起了嗑。

说起建造新宅子的往事，谢学财不住地说：“晓得吃了几多苦哦，晓得吃了几多苦。”

2015 年 5 月，省吃俭用多年的谢学财、曾莲芳两口子咬咬牙，开始建造新房。那时，建筑材料得请人用三轮农用车运进来，为了省钱，对那些零碎材料，两人则自己动手挑回老山坑。半年过去后，楼房立起来了，精疲力竭的两口子躺在床上，几天不愿动弹。

谈到这事，曾莲芳依然心有余悸，下意识地摸着左肩道:“我这儿骨头受了伤，现在还有后遗症，阴雨天更是疼痛。”

“如今好了，天晴落雨都不怕，好走得很，车子“哧溜”一下就开进来了。早知道，我应该晚点建房”，看着门前平坦的水泥路，谢学财悠悠说了一句，“大伙都感谢‘矮子’呢，感谢共产党。”

见我诧异的样子，谢学财笑着解释道，“矮子”就是谢仕发，他们俩是同学，谢仕发小时候个子长得慢，所以大家给他起了这个外号，叫着叫着顺口了，亲切。

“其实，我挺想‘矮子’，那么好的一个人……”谢学财的声音忽然低了下去。

屋里一时沉默。山风，掠过门前的竹林。

二

在螺田镇，很多人都知道谢仕发的另一个身份：赤脚医生。

结缘医术，纯属偶然。1981 年，高中毕业不久的枫树陂“文化人”谢仕发被推荐到乡卫生院学医，短训后，小伙子背起红十字药箱，走村串户，当起了土郎中。

妻子许冬秀记得很清楚，刚结婚那几年，谢仕发总是熬夜读书，次日早晨一看，两眼红得像兔子。乡下医疗条件落后，谢仕发事必躬亲，对消毒一事更是慎之又慎，常常忙到午夜。白天种田，晚上看病，谢仕发先是徒步，再是骑自行车，再后来，他骑了一辆托车，背着药箱，奔走在故乡的土地上。这道风景，陪着父老乡亲走过了三十多年。

有钱没钱，看病再说。这是谢仕发的口头禅。没有谁能够计算，经他治疗的病人有几何；没有人能够计算，有多少村民享受过他的“贴本”服务。尤其是负责村里的大小事之后，谢仕发除了隔三岔五贴补医药费外，还给贫困户们送米送油。对此，全家人司空见惯。用谢仕发大儿子谢志华的话来说，“父亲当了村干部后，我们家反而越来越穷”。

垇背组的贫困户谢学申在私下里跟老伴说过，谢书记简直就是她的私人保健医生。老伴患有尿毒症，脚又痛风，无论是半夜，还是刮风下雨，只要一有情况，谢仕发随叫随到，从无怨言。有时，老伴需要上吉水县城看病，谢仕发义务陪同前往，联系医生，办理手续，取药买饭。看在眼里，暖在心上，时间一久，谢学申两口子竟然产生了“依赖症”，一天没见到谢仕发，这一天就好像丢了魂似的。

产生类似“依赖症”的还有东坑组的张六英。老人今年八十六岁，其丈夫邹雨兰几年前突发脑出血，不能言语，卧床不起。赤脚医生谢仕发每天早上或者晚上要来给邹雨兰进行物理治疗，帮他翻身、擦洗、按摩，一丝不苟，温和耐心。邹雨兰的儿子邹桂庚站在一旁，边看边感慨，边看边暗自惭愧，谢书记年纪跟自己差不多，可说起这种对老人的态度，不知要甩自己几条街。

一个风雨夜，谢仕发从村委准备回位于垇背组的家中，顺道过来给邹雨兰按摩。张六英无意说到，自己今天感觉头晕，还有咳嗽。谢仕发立即给她测体温，发现有低烧，一翻药箱，他一拍脑袋：“哎呀，退烧药没了。婶子，你等等，我回去拿。”

看着门外的瓢泼大雨，张六英连忙劝阻：“别，别，明天再说。”

谁知谢仕发披上雨衣，一个箭步冲出门，跨上那辆心爱的摩托车，一阵轰鸣后，迅速消失在夜幕里。

过了半个多小时，一身泥水的谢仕发笑呵呵地再次出现在厅堂里。张六英的眼圈红了。

张六英至今清楚地记得，就在谢仕发病倒送往医院抢救的前两天，他还忍着病痛赶来给丈夫邹雨兰打针。

一棵枇杷树边，双溪交汇处，坐落着张六英的家。几只鸡沿着溪畔踱步、啄食。两湾溪水发出悦耳的声音，仿佛在为相逢而击节。

张六英、邹桂庚正在屋檐下忙家务，两扇朱漆木门敞开着。看到汽车驶过来，他们老远便咧着嘴笑。

厅堂里的摆设很简陋，两张小方桌，一辆电动车，几张凳子，显眼的是墙壁上挂着三个泛黄的相框，一张张照片记录着这个家庭曾经的幸福时刻。

↑ 东坑组张六英的家

坐在厅堂里，一眼可以看见门外的不远处是一丘丘的青青禾苗，再远些，是毛竹簇拥的山岭。溪水的欢歌声持续不落，萦绕于耳际。话题，先从卧病数年的邹雨兰开始。邹桂庚黯然道："谢书记走了一年多后，我父亲也走了。"

"谢书记好啊，药费便宜，允许赊账，逢年过节还送米送油。"张六英插话道。

屋里一片沉默。鸡在门槛边"咯咯"叫着，溪水潺潺如歌。

我小心地打破沉默："你们还有其他印象吗，关于谢书记的故事。"

邹桂庚睁着眼想了想，摇摇头。张六英两手撑着下颌，想了想，也摇摇头。接着，他们异口同声地道："他每天做的差不多，一定会到我家来按摩。"按摩的对象，自然是邹雨兰。

也对，在他们心目中，或许从来没有把谢仕发当作什么英雄人物，谢仕发只是他们的医生，只是他们的一个亲人。

三

枫树陂的老村部在村口，两棵桂树把守着大门两边，枝叶繁茂。谢志华说，农历八月前后，桂花盛开，老远便能闻到花香。那时，闻香而至村部院子，好像有蜜蜂引路一般。

人去楼空，寂寞锁楼。拾级而上，二楼右侧第一间，便是谢仕发当年的办公室。窗外，村舍历历在目；楼前，一山衔接着一山，仿佛群英聚会，林木是盛装，云朵如马匹。风吹禾苗，也吹着山间的阳光和时间。站在走廊上，忽然觉得果然是"白云千载空悠悠"。

↑ 老山坑组村景

2014年，谢仕发与村干部开“诸葛会”讨论如何实现产业扶贫时，瞅着满山的毛竹，他忽然有了主意：靠山吃山，咱们就搞个毛竹产业合作社。

心动不如行动。谢仕发一声号召，村民们纷纷以林地、土地入股，贫困户则优先安排在合作社工作。抱团取暖的结果是，枫树陂村的毛竹成了品牌，远销赣南、广东等地，仅此一项，每个贫困户家庭便乐呵呵地实现了五千元以上的进账。

枫树陂村有十二个自然村，谢仕发接任村支书时，还有十九户贫困户，共计四十一个人。如果说，枫树陂实现富裕是谢仕发的梦想，那么，让贫困户脱贫，是他的使命和责任。谢仕发在一篇心得体会文章中写道：“历史的航道上总有某些重要的节点，犹如高高耸立的灯塔标示出历史前行的方向。”

在老村部，谢仕发一次次用心勾描着枫树陂的发展蓝图，一次次地骑着摩托车奔驶在枫树陂的山山水水之间。

2015 年秋天，上屋场组的低保户陈巩生心事重重，动辄唉声叹气。原来，各个村组都在拆除危房、建起新房，陈巩生是个独居老人，住的土坯房开裂渗水，有心改造，却无钱无力，只能想想而已。

令陈巩生惊讶的是，谢仕发带着村干部现场办公来了。一核实情，谢仕发当场拍板：“这是危房，立即拆除，建新房的事，由村里来实施。”

“这是真的吗？”陈巩生好像一脚踩在棉花堆上，全身又虚又飘，“谢书记，拆了的话，我可真没地方住了啊！”

谢仕发心间了然，当即找来陈巩生的亲弟弟，请他腾出一间房子给陈巩生暂住，建房的资金和施工问题，则交给村委会来解决。

没有金刚钻，不揽瓷器活。谢仕发很快争取到了三万元资金，给陈巩生盖起了一间新房子，建有卫生间，通了水电。搬家那天，谢仕发带着人亲自将陈巩生的全部家当安进了新家。

“做梦啊，做梦”，陈巩生难以抑制欣喜，逢人便竖起大拇指，“不是政策好，我一辈子也不可能住上新房。真是托了谢书记的福。”

身体再瘦，也要让枫树陂肥美起来；工作再忙，心里也得装着群众的大小事情。

2006 年，口碑如金的谢仕发被推选为村委会主任。为了核实低保户的情况，他的脚板都磨出了泡。在反复调查了解的基础上，谢仕发提出，上屋场组的李桂全应该纳入低保户。

时任村支书尹作海毫不犹豫地表示反对：“不行不行，李桂全的大儿子已经长大，外出打工了，这样做不太合适。”

谢仕发不急不躁，慢悠悠地解释说：“我已经再三上门核清了，李桂全得了喉癌，每年看病花几万元，还有一个小儿子正在读书，负担很重。如果不拉一把，会寒了人家的心。”

尹作海接过谢仕发递过来的材料，认真阅读起来。半晌，他向这位搭档投去赞许的目光。

实施新农村建设那一阵，时常有田地纠纷、宅基地纠纷，一些群众不理解，当面指着谢仕发的鼻子破口大骂。修路征地时，甚至有村民公开阻挠。谢仕发还是谢仕发，脸上一直保持着标志性的笑容，待别人骂累了，火气过了，这才敞开心扉说起自己的心里话。

有一次，面对村民劈头盖脸地朝着谢仕发指责发难的情景，谢冬英实在看不过去了，要拽着他离开现场。然而，谢仕发硬是坚持到底，最终化解了大伙的怨气。事后，谢仕发告诉谢冬英：“当村干部的人，要有忍耐心，不要跟群众对火（吉水方言，对着干之意）。”

谢仕发口袋里喜欢揣着几包烟，牌子很杂，每次进村入户，逢人就递上一支烟。在烟圈里，村民慢慢跟他打开话匣子，相互的距离无形间拉近了。

“谢书记，我怀疑你的工资还不够发香烟。”谢冬英摇头道。

谢仕发眨眨眼，故作神秘状，低声道：“嘘——小香烟，大乾坤哦。”

其实，作为土生土长的枫树陂人，谢仕发最为欣慰的事情有二：一是从医数十年，未发生任何医疗事故；二是各个村组这几年发生了天翻地覆的变化，昔日脏乱差的故乡脱胎换骨为秀美乡村。

骑着那辆破旧的摩托车，行驶在枫树陂的如画风景中，谢仕发觉得自己是一个幸福的人。

四

溪流是枫树陂与生俱来的歌手。

满山挺拔的青松和苍翠毛竹，则是枫树陂的衣裳，换而言之，枫树陂是一只蛰伏于山野的孔雀，重重叠叠的山峦是它展开的彩屏，斑斓绚丽。

如今的枫树陂的新村部办公楼离山脚更近，场地前的那条溪流愉快地唱着歌曲，朝老村部方向流去。

走进新村部的一楼，右边墙上成半圆状贴着几个红色的字："担当实干，马上就办。"往里走十几米，便是医疗点，显然，这条件远远好于谢仕发的生前。

我提出去谢仕发的家看一看。向导，自然是枫树陂的村干部谢志华。

垇背组也是一个典型的山坳小村，十几户人家，转几分钟，心中对村庄里的情景便大略有了概貌。斜坡上，左前方坐落着一幢两层青砖小楼，是那种二十世纪八九十年代的建筑风格。谢志华说，这就是他的家，父亲把卫生所设在楼后的几间房子里。

果然，往前一仰视，我看见了那块白底黑字的"丰树陂村卫生所"的牌子。我一时纳闷："为何以前叫'丰树陂'？"

谢志华摸摸头憨笑："这个，我还真没有研究过。也许，是树多吧。"

房子周围，长着几棵桂树、枇杷树。谢志华说："我爸爸特别喜欢种树，这周围的树木，大多数是他亲手栽的。"

后院里，卧着一口老井。一只狗喘息着小跑过来，摇头晃尾。谢志华的祖母听到动静，立即从厨房探出身来，一瞬间，老人的脸上笑意荡漾：“还没吃吧？正好，我来做。”

谢志华慌忙用方言解释说，上面安排了工作餐，不要忙。不过，我们都没有提及此行的目的。

推开卫生所的门，一股霉味袭来。所有的摆设，基本保持原貌，药品柜、办公桌、处置室、休息间，总面积不大，但处处井井有条。几个黑色手提包、旧医疗箱，整齐地摆放在柜子上。

我似乎看见那位郎中书记正戴着听诊器，静静地为村民把脉。他很专注，像一个农民面对一丘稻田；他很严肃，像一位村干部面对贫困户的如洗四壁。

慢慢收拾好情绪，我顺口问了一句：“现在枫树陂有村医吗？”

谢志华一笑：“我正在学。”

“子承父业”四个字，忽地跳进我的脑中。

我提出想看看谢仕发的生活照。谢志华从厅堂里找出一张父母 2014 年

↓ 谢仕发的家

4 月 10 日在井冈山上的合影，照片里的谢仕发穿着军绿色外套，里面是一件深色格子衬衫，脸型瘦削，依然是那般严肃。

无意间，谢志华说到，每到冬天，父亲会做螺田镇本地的特色美食“霉鱼”。我顿时来了兴趣，追着打听具体做法。谢志华给出了答案：入冬后，买来草鱼，弄干净，晾干水，切成小块，放盐腌制大约一天，入味即可，然后用辣椒粉、米粬等拌匀，再放在太阳底下晒，之后装坛，放食用油浸泡。

这是一个多么温馨的场景，冬日暖阳下，身兼村医、村支书的谢仕发终于放下工作，在家人热切的注视下，慢条斯理地制作着“霉鱼”。或许，家，才是一个人的归宿。相信谢仕发也一定无比留恋此情此时。

然而，他最终把自己更多的部分交给了枫树陂的老百姓。

五

有人说，医为仁人之术，必具仁人之心。谢仕发对此做了极好的注解。

那年，龙溪组村口的废弃小屋里突然来了一个流浪汉，一待多日。没有人知道他姓甚名谁，没有人知道他来自何方。

下乡的谢仕发无意之间撞见了这个长发蓬乱、满脸黑污的男子。他停下摩托车，悄然走进小屋，发现里面铺着干稻草，凌乱地堆放着旧棉被、烂衣裳，一派狼藉。谢仕发主动上前搭腔，谁知，男子报以“嘿嘿”的傻笑。

这是一个精神异常者。谢仕发叹息一声，立即骑车回到岬背组，准备了一包衣物、一袋食品，送往龙溪组。看见面包，流浪汉的眼里射出两道精光，一把抓住，慌不迭地往嘴里塞。

谢仕发开始关注这个素不相识的流浪汉。他决定帮助流浪汉回家。多方打听无果后，谢仕发最后向螺田镇派出所求助，费了一番周折，终于查清，这个人来自永丰县。

流浪汉被亲人接上汽车的刹那间，忽然扭转头，朝着谢仕发“呵呵”的傻笑。

溪水潺潺，一路歌吟，流往螺田镇。枫树陂小学便位于溪畔，背倚青山，面向乡野。或许是爱读书的缘故，谢仕发对学校有着别样的情结。每次经过校园前，他都会忍不住停下摩托车，静静地看着孩子们上学，或者放学。那是一群蝴蝶、一群雏鸟，也是一个个梦想和远方。

慢慢地，他蹙起了眉头。谢仕发发现，通往学校的泥巴路狭窄，遇上雨天寸步难行，那座跨越溪水的老桥由于年久失修，栏杆折断，桥面坑坑洼洼，十分不安全。

怎么办？谢仕发跨上摩托车，直奔螺田镇。向镇里报告完，接着再奔县里，找完文体局，再找扶贫办。这个时候的谢仕发，脸皮特别“厚”，笑脸特别灿烂，不怕吃“闭门羹”，更不怕坐“冷板凳”。为孩子们“化缘”，他心甘情愿。

精诚所至，金石为开。有关部门感动了，资金很快到位。

路，摇身一变为水泥面；桥，重新铺设，固若金汤；围墙，像母亲的手臂环绕，将校园呵护于怀。

2010 年，枫树陂被确定为江西省“十二五”重点贫困村，时任村委会主任的谢仕发感觉自己的脸上被狠狠地扇了一记响亮的耳光。他决定豁出去了，像铁人王进喜那样，“宁可少活二十年，拼命也要拿下大油田”。

要想富，先修路。没有资金，谢仕发有的是耐心，他一家一家找，一家一家要，认识的不认识的，推门而进，有项目的争项目，没项目的争帮扶。再不够，带头掏腰包，发动大家捐助，甚至，他为了替集体省一点人工费，猫在工地当起了“小工”。

2013 年春节，趁着外出务工、经商的乡亲聚集在家的机会，谢仕发个人出钱，在祠堂里摆下酒席宴请各位乡贤，倡议捐资修路，人们被其赤子之心所感动，纷纷慷慨解囊。人心齐，泰山移。通过三年努力，枫树陂的村组公路全部如期修通、修好。

“只要大家拧成一股绳好好干，枫树陂村一定能脱贫致富！”谢仕发常常如是鼓舞村民。

到了年底，谢仕发往往会拿出那个行医赊账本，看着密密麻麻的名字，悄悄地一个个划掉。

医者仁心。

谢仕发到底做了多少好事、善事，谁也算不清。每一点每一滴，如同珠贝，当初不起眼，一旦串联起来，便熠熠生辉。

从村医到村委会主任，再到村支部书记，谢仕发是群众用心公推出来的。村民说：“‘郎中书记’能治好我们的疾病，也一定能治好我们的‘穷病’。”

六

“可惜呀，我那时要是强蛮拽着他一块去县里，说不定还能躲过劫难”，新坊组的村民谢绍辉至今后悔不迭，“2017 年 10 月间，我感冒发烧，是谢书记过来看病，给我打针、服药。过了几天，他建议我去县医院检查，怕病情加重。他还说，自己这几天也难受，争取陪我一起去。可是，他实在太忙，终究没去。”

谢绍辉听从了谢仕发的建议，去了吉水县人民医院，治好了病。而谢仕发本人，不到两个月后，一头倒在了岗位上。

从这年的 11 月始，谢仕发开始出现腹痛、肩痛的症状，时常要用桌子顶着腹部办公。谢冬英无意发现后，深为忧虑，劝他抓紧时间去县里检查一遍。谢仕发笑笑：“年底了，先帮贫困户验收产业，把贫困户退出摸底工作忙完，看病的事暂时放一放。别操心，我是医生，心中有数。”

然而，一切猝不及防。2017 年 12 月 15 日清晨，谢仕发忍着腹部剧痛，又一次到贫困户家摸底，话还未说完，便一头栽倒在对方的家门口。村民们手忙脚乱地将他送往医院。经诊断，医生说，谢仕发患有肝癌，肿块已然破裂出血，血液流入腹腔，如果再晚一个小时，极有可能危及生命。

2018 年 1 月 15 日，住院一个月的谢仕发挂念着村里的事，央求妻子和医生让他出院。

“通往永丰县石灰岭的那段公路又塌方了，得设法修通，我要跟大伙合计合计。”谢仕发强打精神，挤出一丝笑容。

许冬秀含泪答应了。

终于回到了枫树陂，回到了垇背组，天还是那么蓝，云还是那么白，山还是那么青，竹林还是那么翠。阳光下，村民们在忙着打扫庭院，洗涤家具，洋溢着新年的氛围。微笑，爬上了谢仕发那张苍白的脸。

“谢书记回来了！”

“谢医生回来了！”

消息像长了翅膀，飞往枫树陂村的每一个角落。

人们络绎不绝地赶着来到小小的垇背组，来看望他们的谢书记，来看望他们的谢医生。

没有谁组织，村民们自觉地排起了队，从卧室到厅堂，从厅堂到屋前的场地，从场地到坡下，像一条沉默的长龙。出来一个，眼圈红红的；再出来一个，用袖子直抹泪。

谢志华发现，一向以坚强示人的父亲，眼角滑出了两行泪。

给乡亲们看了大半辈子病，现在，轮到大伙来看自己了。谢仕发很是感慨，却只能努力地朝村民们笑了一下，声音十分微弱："对不住大家了，我当了逃兵。那条去石灰岭的路，我怕是没机会修了，那个地方老是塌方，你们一定要小心……"

话音未落，屋里响起一片抽泣声。

谢冬英转身跑出，扶着那棵枇杷树，哭了个稀里哗啦。几片叶子随风飘落，这个办事像个辣妹子的村干部从来没有这种感觉，自己此刻是如此的无力。

第二天，青山垂泪，草木含悲，谢仕发走了，带着无数遗憾，带着对枫树陂深深的眷恋。

七

"千年吉水，承载古今，千年守望，只为富强。"这是吉安市朗诵与语言艺术协会的成员们在《千年的守望》里的深情诵读。他们对谢仕发表达了如是敬意——

千年吉水，您看见
村党支部书记谢仕发
扶贫路上步履匆匆赤心滚烫
整整十二载枫树陂村的“领头羊”
他为争资金争项目成了“神行太保”
他为发展毛竹产业成了“创业先锋”
他是解决矛盾纠纷的“及时雨”
他是老老少少的“贴心人”
他事事为村里群众着想
为改变贫困面貌
他把生命燃尽
只为让全村上下脱胎换骨旧貌换新颜

我在网上阅读到了这首诗歌朗诵作品。此时，谢仕发已经化为故园青山的一部分。

我们都是时光隧道里的客人。有的人，成为这隧道里的铺路石。比如，谢仕发。

苍山拥抱下的枫树陂依然那样平静，看不出悲喜。有的人，却让一座村庄懂得了悲与喜的含义。比如，谢仕发。

谢志华一直将我们送到了螺田镇。站在镇政府大门口，我握着他的手，送了一句祝福：“你现在是村干部，又在学医，说不定有一天，你会续写父亲的传说。”

他咧嘴一笑，用力摇晃着我的手。

远山苍翠，一群白鹭结伴飞过，雪一样洁白。

04

寨俚的灯盏

一

我在采访本上画着一张线路图：从抚州市某小区乘坐公交车到达抚州市长途汽车站，搭乘开往南丰县城的中巴车，之后，换乘南丰县城前往太源乡的乡村班车，最后，从太源骑电动车颠簸到寨俚村。

这不是臆想，而是抚州长运公司工会副主席、抚州长运公司派驻南丰县太源乡寨俚村第一书记胡学发生前经常走的线路图。

我在采访本上划拉着太源乡的圩日，只有在逢阴历一、六的圩日，胡学发和他的扶贫战友们才能从寨俚村骑着电动车跑到八九里外的乡里买菜，遇到“菜荒”时，只能以泡面、鸡蛋对付饥饿的攻击，以至于有的同事在相当长的时间里，一见鸡蛋便胃部痉挛。

被逼无奈，胡学发和他的同事们在寄居的房前利用一小块闲地学着种菜，辣椒、豆角、青菜、茄子、香葱，看时令随机种植，技术不好，收成差强人意，但好歹比没有强。有的村民见状，隔三岔五地往他们的住处捎上几样蔬菜，悄悄放下就走。

这不是天方夜谭。这是当代扶贫进程中的现实场景。

在抚州长运公司现任派驻寨俚村第一书记焦吉平的引导下，我来到了胡学发生前在庄上组的住处。房间在三楼，里面摆放着一凳、一桌、一床而已。不远处，是一座竹影扶疏的小山，山脚有一大片槟榔芋，蝴蝶时时戏舞，鸟啼如涟漪泛起。走廊一角的花盆上写着唐代诗人刘眘虚的诗句：“道由白云尽，春与青溪长。时有落花至，远随流水香。”

然而，就是在风景如此优美的地方，却有过二十五户建档立卡贫困户。

理想很丰满，现实往往过于骨感。

寨俚村是典型的“山里人家”。开门便见山，云雾是常客，饮茶时，碗里随时会出现花香和泥土气息。这儿的乡道，清一色是九曲回肠。很少见到田地成片的情景，视线，冷不丁便被一脉如青眉的远山拽断。从庄上组到寨俚村村部的路上，也是如此情形。

焦吉平开车很稳。接棒第一书记后，为了工作方便，在妻子的支持下，他买了这辆汽车。爬上一个斜坡，迎面是几棵郁郁葱葱的古樟，分列道路两边，像忠诚的卫士。琅琅的读书声与雀儿的欢唱声一起飘入耳中。

想不到寨俚村村部竟然与村小学为邻。焦吉平说，胡学发主席驻点

→ 寨俚村村部

时，村部在二楼，学校在一楼，共用一栋二层老楼，学校是前不久才搬迁到了附近的新址。

说话间，汽车驶入村部小院。老楼的主体部分被刷成红色，楼顶飘扬着一面国旗，国旗的两边，分别立着“不忘初心”和“牢记使命”几个字。院里的一棵银杏树、两棵香樟树蓊葱郁勃，绿意盎然。

“胡书记办公室的灯，总是最后一个熄灭”，寨俚村民兵连连长廖文发一见面便感慨道，“有时候走访贫困户回来，天早已黑麻麻的了，他非要加班加点整理好当天的资料才会回庄上组休息。”

↑ 胡学发生前的办公室

如今焦吉平办公的地方，就是当年胡学发的办公室。左侧墙壁上写着一行字——“结对帮扶心连心，一户一策奔小康”；右侧，悬挂着《连心小分队工作职责》。从窗口望去，村部的后山坡上，摇曳着蜜橘树、银杏树和婆娑修竹。一呼一吸之间，有泥土的芳香。

焦吉平是个有心人，他将胡学发的工作照片、脱贫攻坚工作总结和工作思路、视频资料等一一建档，保存在电脑里。于是，透过点点滴滴，一个有血有肉、有情有义、有苦有乐的胡学发，似乎“复活”了。

2017年，对于寨俚村来说，是甩开膀子拔“穷根”的一年，对于胡学发而言，则是鞠躬尽瘁、呕心沥血的一年。他在这一年的工作总结里提到了这样一组数据：实施扶贫项目16个，落实项目资金352万元。其中寨俚村自来水安装20万元、村庄整治20万元、新农村建设50万元、公路建设2万元，庄上组村庄整治20万元、新农村建设50万元、移民示范村建设66万元、路基扩建10万元、公路建设5万元、橘园道路维修5万元，源头组村庄整治20万元、新农村建设20万元、水坝建设4万元；际上组村庄整治20万元、新农村建设20万元……

每一个枯燥的数字之后，是心血和牺牲。

每一个没有表情的数字之后，是火热的劳动场面，是一位扶贫赤子对一座座村庄的深情。

让我们在寨俚村这方热土上，俯下身子，去寻找胡学发留下的足迹。

二

那是2017年11月的一个夜晚，胡学发在廖文发的陪同下，去源头组看望贫困户李桂女。

山影如水墨泼就。草木间，秋虫呢喃，此起彼伏。夜色里，传来几声犬吠，荡漾起谁家孩子清脆的笑声。

胡学发一边走，一边跟廖文发聊明年扩大白莲种植规模的事。廖文发却忽然发出一声“哎呀”，原来，他发现李桂女家黑咕隆咚的，不知什么情况。

“嫂子，你在家吗？”廖文发提高嗓门叫道。

屋里传来李桂女的应答。一问，是停电了。至于是什么原因，李桂女搞不清具体状况。

胡学发若有所悟。他趁廖文发进屋跟李桂女交谈之机，悄悄走到一边，拨通太源乡电管所的电话，一问，果然，是因为李桂女欠了电费，系统自动断电了。胡学发立即通过微信给对方转了一百元钱，要他帮忙代缴到李桂女家的账户上。

↑ 胡学发（右）与贫苦户交谈

几分钟后，李桂女家来电了。她很是惊喜。廖文发下意识地看了胡学发一眼，似乎明白了什么。

类似的事情，寨俚村村委会扶贫专干谭明根也亲身遇见过。

庄上组有个叫夏春林的“70后”，眼睛患了病，无法干重活，家境贫困，有些心灰意懒，不愿打拼。这天黄昏，胡学发、谭明根准备登门家访，谁知怎么也打不通夏春林的电话。没办法，两人只好抱着碰运气的想法前往夏春林的家。很巧，夏春林正好刚刚从外面晃荡回来。

“你手机咋回事呀，像块铁。”谭明根劈面就追问道。

夏春林挠挠头：“哎呀，欠费了，没钱交。”

谭明根噎住了，转身看看胡学发，这才想起了正事：“春林呀，今天我陪胡书记来，主要是聊一聊做手工活的事。”

“是呀，小伙子，你不能总这样荒废下去，否则一辈子真完了”，胡学发拿了张凳子，在屋檐下落座，“听说你的手很巧，会制作竹椅，可以从这个方面尝试一下。”

一抹余晖滑过夏春林的额头，他迟迟疑疑地道：“就凭我这半桶水，我能行吗？”

胡学发爽朗一笑：“当然行！”

出了夏春林的家门不久，胡学发就用手机给夏春林的手机号码充值了一百元钱。

次日，夏春林找到村部，想具体谈谈做手工活的事。他突然想起了什么，对胡学发说：“奇怪，昨天你们走了没多少时间，我的手机竟然可以用了，也不知是谁这么好心，帮我交了话费。”

胡学发没有接腔，顺势说道：“如今政策这么好，你不能老是靠党和政府，男子汉大丈夫得自立起来。”

从此，夏春林换了一个人似的，制作竹椅，养殖鸡鸭，日子开始变得像模像样。得空时，喜欢拉二胡的夏春林会坐在门口演奏几首喜庆的曲子，或《好日子》，或《花好月圆》，或《喜唱丰收》，表达自己的感激之情。

2017年，胡学发如同一口上紧发条的钟，将时间的管理和利用发挥到了极致。

这一年，他为贫困户黄火友、吴益青、胡水龙改造了D级危房。

这一年，他为贫困户严华仔、李木龙维修好了C级危房，并为五户贫困户改水改厕。

这一年，他为九户贫困户的子女落实了教育扶贫措施，发放教育扶贫资金一万八千四百七十五元。

这一年，他为寨俚村的贫困户们申请报销医药费十七万五千零七十五元。

人们常说：雷锋出差一千里，好事做了一火车。对于寨俚村的贫困户来说，胡学发就是新时代的雷锋，他点亮了大家的心灯。

三

从庄上组村头沿着一弯溪水行不多远，左侧，一幢楼房与田野相邻，这就是贫困户陆金仔的家。站在门口，可以看见禾苗迎着阳光疯长。

刚刚午睡醒来的陆金仔一听说我是为采访胡书记的事迹而来，立即激动起来，干瘦的胸脯一鼓一鼓，似乎急于将情感表达出来。他的听力不佳，一只手残疾，但对于 2017 年 9 月的翻车事故记忆犹新。

那天，陆金仔驾驶着三轮摩托车去太源乡“赶墟”（南丰县方言，意为“赶集”），返回途中，不慎翻倒在路边的水沟里，一只手被三轮车压住，他无法爬起。由于道路边沿长满茅草、荆棘，陆金仔看不到路面的情况，只能大声呼救。

无巧不成书，胡学发和同事赵建明、郭泽纯正好也趁着圩日骑着电动车来乡里采购，柴米油盐酱醋茶，大包小包，满载而归。他们听到了呼救声。胡学发赶紧把电动车停在一边，拨开茅草一看，只见一辆三轮摩托车仰翻在水沟，陆金仔躺在那儿不能动弹，发出阵阵呻吟。

“快，快！救人！”胡学发顾不得视力不好，“嗖”的一声跳了下去。赵建明、郭泽纯见状，也赶忙跟上。他们齐心协力推开三轮车，将陆金仔救了出来，所幸老人只是皮外伤，并无大碍。

三年多的时间如水逝去。陆金仔却从来没有忘记那位叫胡学发的书记，只要一听到“胡学发”这个名字，他便莫名地激动起来，失去指头的右手一直颤抖不已。

触景生情，焦吉平讲述起 2017 年秋天在临川区东馆收费站邂逅胡学发的往事。

那天，焦吉平接到通知，牌照为“赣 FA9896”的中巴车由南丰返回抚州途中，离合器发生故障，抛锚在东馆收费站。他立即组织技术人员赶赴现场，一边组织抢修，一边协调将车上的旅客转移到另一辆车上。这时，焦吉平意外地发现，胡学发也在故障车上。简单寒暄后，他才知道，自打 2017 年 2 月被派驻寨俚村以来，胡学发回抚州休息时，必须先坐电动车到乡里，再从乡里坐乡村班车到南丰县城，之后从县城赶长途车回市区。已经一个月没回家的胡学发，碰巧遇到了汽车故障的糟心事。

简单打过招呼后，胡学发没有闲着，主动上前帮别的旅客拿行李，送他们转移。盯着这位两鬓斑白的老同事忙碌的身影，焦吉平连忙催促技术人员手脚利索点，抓紧时间处理故障。

“老胡就是一个热心肠的人。”当时，焦吉平无论如何也没有想到，几个月后，胡学发便因急性心肌梗死而不幸与世长辞，他也没有想到，自己有朝一日会走进寨俚村，继续推进胡学发未完的脱贫攻坚事业。

在扶贫队员王喜方的心目中，生活中的胡学发是个多面手，不仅在书法、美术方面颇有造诣，而且动手能力十分强，电脑、打印机、水路发生故障了，他总是手到擒来。同事遇到办公设备出了毛病，第一时间不是找维修公司，而是向胡学发求援，胡学发则总是乐呵呵地有求必应。

作为村里的扶贫专干，谭明根可以说是跟胡学发形影不离，两人感情甚笃。他目睹了胡学发带领寨俚村一千二百多人脱贫致富、共奔小康的全过程。

胡学发刚到寨俚村时，整个村部没有电脑，办公处于原始的“刀耕火种”的状态，效率低下。在扶贫队的争取下，寨俚村拥有了第一台电

→ 胡学发（左）在贫苦户家做调研

脑，可是，村干部清一色是“电脑盲”。胡学发二话不说，当起了兼职教师，耐心地传授大家一些基本的操作知识。

拿起村支部、村委会的会议记录一翻，胡学发皱起了眉头。再看相关的文字材料，他更是深深叹息。胡学发主动请缨：“会议记录我先包了，以后照这个模子记录就行。工作总结也有格式，我先整一个再说。”

村部的那盏灯，总是亮到深夜。

很多村民都注意到了这盏灯。很多村民都在默默凝视着这盏灯。

自然，谭明根更是熟悉这盏灯。

胡学发却朝他甩来“鞭子”，一脸认真地说：“明根，你在村干部里最年轻，读过初中，文化最高，你必须学会用电脑，必须学会写材料，必须提高政治理论水平。”这一串连珠炮，让谭明根“压力山大”，算是明白了，“书到用时方恨少”。

谭明根在悄悄地改变，工作不再粗枝大叶，对贫困户的情况每天反反复复核实、熟悉。无人时，他用“二指禅”敲打着键盘，一回生，二回熟，渐渐地，他喜欢上了听敲击键盘的声音。

对于寨俚村的老百姓，渐渐地，他们都熟悉了一个身影，喜欢胡学发走进家门时那张如沐春风的笑靥。

四

四季山色的变化，光影如幻，使寨俚村仿佛一位百变仙子。

向莆铁路如虹飞过，在山与山之间架设起空中通途。坐在贫困户周兴全的楼房前，抬头一看，动车如银龙呼啸而过；平视前方，是茂盛的竹林，好像有无数美女临水梳妆；近看，一条清澈见底的小溪无忧无虑地低吟浅唱，不时捎上一串串鸟语，逐向远方。

劳累之余，周兴全往往喜欢待在门口欣赏着故乡的景致。偶尔，他也会回头看一眼终于竣工的两层楼房，浑身洋溢着满足感和自豪感。

生于1971年的周兴全年轻时跟随姐夫跑运输，因车祸而致残，从此日子开始走下坡路，连一栋房子也成了半拉子工程，只建成一层，便只能望洋兴叹。他不愿意戴上“贫困户”的帽子，可是，那又有什么办法？

2017年正月底，胡学发来找周兴全商量种植白莲的事。众所周知，相邻的广昌县群众依靠白莲翻了身，过上了好日子，而寨俚村人对此似乎不抱太大热情。面对胡书记镜片后的那双热情燃烧的眼睛，周兴全躲闪着，踌躇着，不知如何作答。

半晌，他终于鼓足勇气说出了自己的担忧：“我没有经验，害怕失败，再说，我现在没有资金，也没有技术。”

胡学发痛快地一锤定音：“种子、肥料由我们抚州长运公司负责，技术人员由我来安排。收入全部归你。”

顿时，周兴全有了底气。当年，他试种了五亩白莲，亩产超过一百五十斤，按市价每斤二十七八元计算，收入超两万元。尝到甜头的周兴全，在胡学发的支持下，跟贫困户吴益青又种起了槟榔芋，面积达到一百七十亩。曾经的半拉子楼房，也顺利盖上了第二层。

独坐溪畔，聆听着流水潺潺，富裕起来的周兴全有时也会觉得空落落的。他想胡书记了。那张和善可亲的面孔，仿佛依然在眼前，他正侃侃而谈，聊着关于寨俚村特色产业发展“多点开花、全面结果”的蓝图，聊着关于帮村里孩子捐赠一批课外书的计划，聊着烟叶种植突破一百四十亩的喜事。

这年，虽然雨水不理想，但庄上组的贫困户彭永才种植的四十亩橘园依然果实累累，他高兴之余，愁云也随之飞上了黝黑的前额。由于儿子英年早逝，家里只剩他和十三岁的孙子，他担忧请不起劳动力采摘，更担忧“丰收成灾”，蜜橘销售不出去。

令彭永才惊喜的是，就像瞌睡遇到了枕头，胡学发书记带着几位“连心小分队”队员出现在家门口。胡书记一声吆喝：“永才大哥，我们摘橘子去了！”

黄澄澄、绿油油相间的橘园里，阳光温煦，风吹云朵，人们一边麻利地采摘果实，一边开着玩笑，氛围和谐，其乐融融。

胡学发摘下眼镜，用袖子擦了擦，抬起汗津津的脸，大声说：“同志们加油啊，今天我亲自下厨，犒劳犒劳大伙。”

赵建明翻了翻眼皮：“得了吧，胡书记，就您那手艺！算了算了，我们还是自力更生，丰衣足食。”

大伙忍俊不禁，全笑开了。

看着一筐筐橘子，彭永才乐滋滋的。胡学发拍了拍他的肩膀：“永才大哥，我们这群志愿者还称职吧？销售的事你也别愁，我们会一起来个‘八仙过海各显神通’，争取卖个好价钱。”

胡学发说到做到，没过几天，就帮彭永才销售了三千多斤南丰蜜桔。整个采摘期，他带领“连心小分队”队员主动为五户缺劳动力的贫困户采收蜜橘八千六百斤，帮助他们销售了两万两千多斤。

那辆沾满泥巴的电动车继续行走在寨俚村的田间地头。那个年过半百的“眼镜书记”继续走村串户。那盏灯，继续亮到深夜。

庄上组的贫困户周斌贤二十岁那年从事米粉加工时，不小心被机器将右手手指切去一半，成了半个“废人”，为了生计，他养了两头母猪，补贴家用。胡学发了解到这一情况后，鼓励周斌贤扩大养猪规模，走产业脱贫之路。有了胡书记撑腰壮胆，周斌贤豪气冲顶，养殖的生猪超过一百头。

那段日子，胡学发经常利用晚上过来家访，了解低保、残疾人补贴的落实情况。周斌贤的女儿当时还在读小学，遇到难题时，胡学发会热情地释疑解惑，像个慈祥的老教师。

三年后的暮春，桃树挂果，李子满枝。在周斌贤家的厨房里，我们面对面坐在一张方桌边，拂去时光的尘埃，重新走进往事。桌上，铺着一张塑料布，上面写着“花开富贵”的字样，牡丹、喜鹊、圆月构成一幅静美的图画。

“很实在，没有一点架子”，长着络腮胡子的周斌贤陷入记忆深处，一双眼睛炯炯有神，“胡书记这个人，不像城里来的领导，更像是一个有文化的大哥。他写的字，可传神了，连我女儿都悄悄说，胡伯伯写得比老师好。”

五

焦吉平将胡学发生前的《民情日记》扫描后，保存在电脑里。于是，我阅读到了一位扶贫干部的心声。

——低保户吴正国反映，其本人患癌症，希望给予帮助。由于吴不属于贫困户，不在帮扶范围，但会在合适的时候给予必要的帮助。

——蜜桔生长情况不好，有减产趋势，经向村委班子了解，今年雨水不足，影响了蜜桔生长，虫害也比往年厉害些。

——公司已对我们上报种植白莲的贫困户补贴（种苗补贴每户600元）一事进行了确认，批复程序正在进行。外加政府统筹的产业直补3000元，对贫困户增加收入有很大帮助。

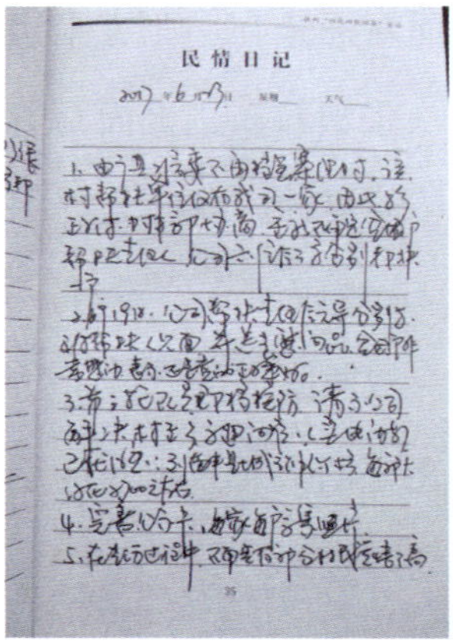

↑ 胡学发生前所作民情日记

四十多页，浓缩着寨俚村贫困户们一年来的喜怒哀乐。短短的句子，饱含着一个扶贫干部的殷殷情怀。

人生苦短，生命的意义何在？或许，胡学发给出了一个答案。

焦吉平默默打开了胡学发的照片集锦。他点燃了一支烟，继续跟我聊他所熟悉的老朋友胡学发的故事。

阳光从后山穿过绿树的封锁，洒在窗台上。我一时恍惚，那一朵朵阳光里，储藏着胡学发对寨俚村的光与热。

胡学发出生于临川区唱凯镇，干过各种农活；放牛、打猪草……他对贫困群众有一种天然的深厚感情。2017 年 1 月，胡学发积极响应抚州市委“四进四联四帮”活动的号召，主动请缨参加驻村帮扶工作。2 月，临近出发的时间了，胡学发这才向妻子彭桂萍吐露实情。

彭桂萍顿时跳了起来：“你不要命了，你前两年就因为高血压引发了心脏病，好不容易才从‘鬼门关’救回来的！老胡，你都五十三岁了，不是小青年，别逞能行吗？”

胡学发的心里自然明镜似的，这两年，自己成了“药罐子”，每天得按时服药。可是，生逢盛世，脱贫攻坚是一项史无前例的民心工程，善莫大焉，作为农民的儿子，他不想错过反哺农村的机会。

“到村里，工作忙，压力大，离医院那么远，万一有个什么情况，那可咋办呀？”一想到这些，彭桂萍更是忧心忡忡。

知妻莫如夫。面对彭桂萍的关心，胡学发感慨，原本在杨打渔粮站工作的妻子这些年不容易，单位效益不好，她很早就下岗了，女儿从大学毕业后又遇到种种不顺，老母亲需要赡养，老家的哥哥还要接济，彭桂萍可谓操碎了心。

他拉着妻子在客厅坐下，敞开心扉，谈自己对乡村的感情，谈贫苦户的真实境况，谈“足寒伤心，民寒伤国”的道理。胡学发拍拍胸脯调侃道：“请老婆大人放一百个心，胡学发同志保证按时吃药、注重休息、健康成长！”

彭桂萍“噗嗤”笑了：“就你贫嘴！”

妻子的思想工作做通了，胡学发背起行囊，随抚州长运公司第二批驻村“连心小分队”向寨俚村开拔。

彭桂萍万万没有想到，丈夫一旦扑在岗位上，便将所有的承诺抛到了九霄云外。一盏灯，常常是夤夜不息。同事郭泽纯并不清楚胡学发的病情，他无意撞见几次胡学发一边埋头案前，一边往嘴里塞药。看到郭泽纯疑问的眼神，胡学发呵呵一笑：“没事，没事，小感冒而已。”

雨衣、雨鞋、手电筒，是胡学发在寨俚村的“三件宝”。前两者，为雨天所备；后者，是为了晚上入户走访用的。村民们白天出门干活，晚上则不大愿意到户外活动，原因是寨俚村的蛇虫活动频繁，尤其是到了夏天，更是猖獗。可胡学发不听劝阻，与同事

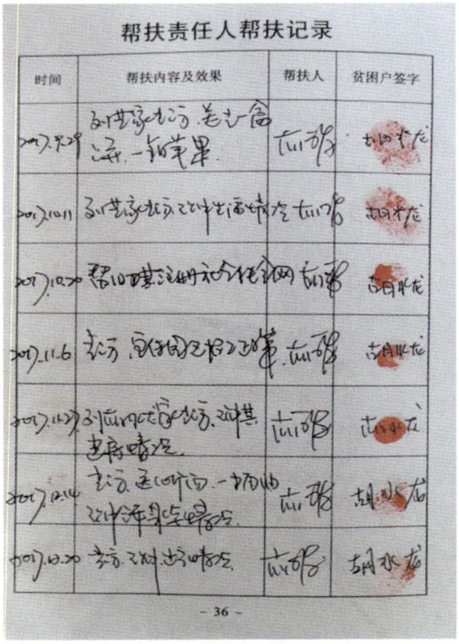
帮扶责任人帮扶记录

时间	帮扶内容及效果	帮扶人	贫困户签字
[illegible]	[illegible]	[illegible]	[illegible]
[illegible]	[illegible]	[illegible]	[illegible]
[illegible]	[illegible]	[illegible]	[illegible]
[illegible]	[illegible]	[illegible]	[illegible]
[illegible]	[illegible]	[illegible]	[illegible]
[illegible]	[illegible]	[illegible]	[illegible]
[illegible]	[illegible]	[illegible]	[illegible]

– 36 –

↑ 胡学发做的帮扶责任人帮扶记录

一手拿着手电筒，一手拄着木棍，一家一家走访，一家一家排忧解难。

“一个完美主义者。”这是同事、村干部对胡学发的一致评价。

走在村道上，风将影子吹落到焦吉平、廖文发和我的身上和脚下。不知不觉，我们信步走到了李桂女的房子前。老人出门办事去了，屋外的覆盆子捧出一枚枚红彤彤的圆果实。廖文发兴奋地弯腰采摘。我也摘了一枚，放在嘴里慢慢咀嚼，那酸甜的味道缓缓沁入心脾。

我在想象那个停电的夜晚，胡学发替老人充值的样子。我还在想，每个人的一生应该拥有三条河流：第一条是地理意义上的河流，它让我们记住了故乡；第二条是时间河流，它让我们懂得了生老病死、珍惜和回望；第三条则是心灵河流，它让我们保持黑暗中的真实、善美和伟岸。

我相信，自己看见了胡学发的第三条河流。

六

我觉得，有必要梳理出胡学发在人间最后的活动轨迹。

2018 年 1 月 3 日，胡学发到抚州市参加迎检动员大会。他感到身体出现了异常，以为是老毛病，便按常规服药。妻子彭桂萍劝他请假去医院全面检查一下。胡学发说：“缓几天吧，现在是脱贫攻坚关键时刻，我不能离开寨俚村。”次日一早，他便搭上了去南丰方向的长途汽车。

1 月 5 日晚上，寨俚村村部那盏灯又一次亮到了深夜。其实，这时候的胡学发感觉到了身体极度不适，他脸色苍白，呼吸急促。当村干部劝他早点休息时，他嘴上答应，依然没有离开办公室。几个小时后，胡学发的病情突然加重，同事们慌忙将他送往南丰县人民医院，院方诊断为急性心肌梗死，需进行心脏手术，随后，他被转送到抚州市第一人民医院。

就医期间，胡学发心里惦挂着寨俚村的脱贫攻坚工作，只要医护人员和家人不注意，他就偷偷地往村里打电话。当得知寨俚村顺利通过扶贫国检时，胡学发开心得像个孩子。无奈之下，彭桂萍不得不一次次“抢走”丈夫的手机。

有时候，彭桂萍盯着胡学发的那个发黄的帆布包发呆。丈夫对自己太吝啬了，从不舍得买件像样的衣服。可她心里清楚，老胡有一颗金子般的心：在当值班站长时，只要遇到旅客钱包被盗，他总是热心地替对方买好票；2010 年抚河唱凯堤遭遇特大洪水时，老胡带头捐款，那个踊跃的样子，令人动容；2014 年的一天，胡学发悄悄给宜春市的一名贫困女生捐了八百元钱。

“他只想到别人的苦，却忘了自己的苦。”太源乡的一位扶贫干部说。

“他身体有病从来不说，家里有困难从来不提，对困难职工、困难群众的事却一件件都牢记于心。”抚州长运公司的一位领导说。

然而，再美的人间，也没能挽留住一颗爱得如此深沉的心。

1 月 19 日，胡学发再次突发急性心肌梗死，经抢救无效去世，终年五十四岁。

七

走进寨俚村的农家书屋，墙上写着“静以修身，学以养德”几个醒目大字，它们是胡学发的手笔。书架上，整齐地排列着一本一本书。

寨俚小学的孩子们不会忘记，那个戴眼镜的银发爷爷曾经站在书屋里，笑眯眯地凝视着他们，有时候还会主动讲解红色故事。他们不知道，这位长辈，就是书屋的建造者胡学发。

“桂萍，寨俚农家书屋的书籍还是太少，我多么渴望有机会能够再增添一部分啊！”这是胡学发临走前留给老伴的遗愿。

司马迁说：“人固有一死，或重于泰山，或轻于鸿毛。”很多人没有思考这个问题，但这个问题，是一个活着的坐标，具有终极意义。

站在寨俚村村部二楼，风用树影、花香、鸟鸣触摸着我的脸颊。这块滋养了一代一代村民的土地，即将进入蓬勃的夏季。

不久前，习近平总书记在全国脱贫攻坚总结表彰大会上庄严宣告，经过全党全国各族人民共同努力，我国脱贫攻坚战取得了全面胜利，现行标准下九千八百九十九万农村贫困人口全部脱贫，八百三十二个贫困县全部摘帽，十二点八万个贫困村全部出列，区域性整体贫困得到解决，完成了消除绝对贫困的艰巨任务，创造了又一个彪炳史册的人间奇迹！

倘若胡学发有知，该是怎样的欢喜。

一张张照片在我的脑海里叠加，仿佛美妙的旋律缀连成曲。

那个发黄的帆布包还在。那辆沾满泥巴的电动车还在。那盏照亮寨俚村的灯盏还在。

“我会继续让它亮着。”焦吉平说。

不远处的校园里，传来学生们朗读课文的声音，清脆，干净，纯粹，像一群初飞的鸟儿，渐渐消失于天穹。

05

好人 廖德熙

2018 年 7 月 29 日，对于红色故都瑞金市七十多万人来说，注定是一个值得载入史册的日子。

这一天，经过国务院扶贫开发领导小组组织的第三方严格评估，瑞金市以群众满意度百分之九十九点三八、综合贫困发生率百分之零点九一的优异成绩，打响了赣南贫困县有序脱贫退出的“第一枪”。

捷报传来，瑞金市城市管理局退休职工张小凤心潮澎湃，眼眶里泪花闪闪，她轻轻抚摸着丈夫廖德熙的遗照，柔声说：“德熙，如你所愿，红都脱贫了，老百姓的日子更有奔头了，九泉之下，你该高兴了吧。”

离瑞金市区四十公里外的冈面乡渡头村，村支部书记罗金发特意去了老村委办公楼。走到二楼临街的那间房子里，他从包里取出一瓶老酒，倒了满满两杯，大声道：“老伙计，咱们胜利了，军功章里，有你的一份啊。来，这杯庆功酒，我敬你！”

窗外，那间“农村淘宝”店里传来毛阿敏的《思念》：你从哪里来，我的朋友，好像一只蝴蝶飞进我的窗口。不知能作几日停留？我们已经分别的太久太久……

罗金发忽然泣不成声。

一

冈面乡位于瑞金市西北隅，坐落在绵江第一峰铜钵山下，以冈面圩而得名，辖区面积一百五十多平方公里，户籍人口两万两千六百人。苏区时期，这里属于长胜县，乃中央红军兵工厂总厂驻扎地，全境重峦叠嶂，岭谷相间，构成“八山半水一分田，半分道路和庄园”的格局。

山里的天气像孩儿的脸，说变就变，出瑞金城时还是风和日丽的，而一进入冈面乡渡头村地界，一场骤雨突袭而至，果然是“十里不同天”。转眼，四野苍茫，谷地显得更加狭仄、悠长，房屋因地形而建，颇有些螺蛳壳里做道场的味道。

这是2017年的初春，瑞金市国税局主任科员廖德熙主动请缨，出任单位驻冈面乡渡头村第一书记兼工作队队长。坐在乡村班车上，他仔细观察着沿途的地形地貌、村容村貌、经济作物长势。手头的笔记本上，有这样一组数据：渡头村，有十七个自然村、二十六个村民小组，全村三千三百五十六人，有贫困家庭一百零八户。

或许是行伍出身，又生活、工作在共和国的摇篮，耳濡目染，廖德熙特别喜欢那首《苏区干部好作风》：“哎呀嘞哎，苏区的干部，是好作风哎，里格自带干粮去办呀格公，哎呀日穿草鞋格干革命，哎呀同志格夜打灯笼，访贫呀格农……”他暗暗下定决心，既然来了，就得干出点名堂，对得起胸前这枚党员徽章。

渡头村支部书记罗金发接到乡里的电话后，早早等候在村部门前。村部所在的渡头湾，由三个村民小组组成，共七百余人，其中以罗、邹、徐三姓占大多数。听说新来的第一书记比自己小不了几岁，这位经验丰富的老书记笑了，心想，看来他们要合伙做定军山下的老黄忠了。

一打照面，罗金发挺满意，这位新搭档魁梧壮实，一副干活的好身板。相互点了一支烟，两人聊起了村情。不愧是干了多年书记，罗金发对渡头的家事民情了如指掌，俨然一张“活地图”。数据见真章，廖德熙情不自禁地朝对方竖起大拇指。

刚刚摸清全村贫困户的基本情况，恰在此时，瑞金市对冈面、瑞林、丁陂、万田四个山区乡镇出台优惠政策，鼓励农民们种植白莲，每亩补贴三百元。为此，廖德熙、罗金发召开专题会议，苦口婆心地劝导乡亲

←2016 年，廖德熙（右二）在冈面乡渡头村组织召开扶贫工作会议

们以白莲替代水稻。可是，大家无种植经验，也无种植所需要的基础设备设施，为此，老百姓或者有抵触情绪，或者干脆表示不参与。下新村民小组的负责人刘光海也想不通，反应激烈。

廖德熙决定亲自会一会刘光海。得知对方是位“饮中仙”，他便决定自掏腰包请客。

这天开完春耕会，廖德熙约了刘光海，晚上在村委会附近的小餐馆“打牙祭”。几杯酒下肚后，话题回到了白莲种植上。廖德熙说：“人家广昌举全县之力种植、生产、开发白莲，如火如荼，形势一片大好，你为啥就不愿支持？”

刘光海瓮声瓮气地说：“资金在哪里？技术人员在哪里？我没钱啊，也没经验，这不是秃子头上的虱子明摆着嘛，反正我不做，继续种水稻。”

廖德熙明确告诉他：“资金、技术由我负责，你只管自己在水稻、白莲之间做出抉择。”

刘光海迟疑了一阵子，还是将头摇得像拨浪鼓。

廖德熙仰起脖子干了杯中的酒，拍了拍胸脯：“这样吧，我来承诺，如果种白莲的收入比种水稻的收入更低，我来负责赔你的差价！不要大眼瞪小眼地看我，咱们可以签协议。”

话说到这个份上，刘光海自然哑了炮，不再唱反调。在技术人员的指导下，他尝试着种植了五亩白莲。没想到，这一试，便尝到了甜头，几个月下来，一万多元入账。

油槽下组有位建档立卡贫困户刘桃发，四十多岁，单身，上有八旬老母，下有两三岁的养女，不但穷得响叮当，家里的卫生状况更是令人掩鼻。在村干部的陪同下，廖德熙第一次上门，便被其屋里的异味熏得几乎窒息过去。他二话不说，抄起扫把里里外外清扫起来。刘桃发的脸挂不住了，嘿嘿傻笑着跟着动手整理。

“桃发，以后要经常搞搞卫生，家里干净亮堂了，人家女子才会看中你。”廖德熙揩了把汗，坐在板凳上说。

瘦瘦小小的刘桃发摸着后脑勺嘿嘿直笑，心里嘀咕：“咱要钱没钱，要貌没貌，娶啥婆娘？”

廖德熙似乎看出了对方的心思，招手要刘桃发坐到自己身边：“来之前，我跟罗书记碰了头，准备让你种植广昌白莲。”

刘桃发惊得差点一屁股坐到地上。他苦笑道：“廖书记，莫开玩笑了，我哪懂那玩意呀。如果我能做，也不会落到这般田地。”

廖德熙摇摇手：“你不懂，自然有人懂。反正，有高手带你。”

廖德熙所说的高手，就是当时的渡头村村委会主任赖友明。赖友明头脑活络，为人开明，这次他准备种植二十亩白莲。廖德熙找他商量，由国税局出资提供种子、肥料，由赖友明带着刘桃发一块干，二人收益对半分，平常刘桃发出工出力，每天按八十元支付报酬。赖友明爽快地道：“没问题，扶贫工作本来也是我分内的事。”

对于渡头村的贫困户而言，2017 年的这个春天，与其说他们是“大姑娘上花轿——头一回”种植了三百多亩白莲，毋如说他们种植了三百多个梦想。

村民们发现，刘桃发变了。每天一早，这个曾经的懒汉便出现在白莲基地，灌溉，施肥，除草，调整藕鞭。他甚至琢磨起种植白莲的技术，摸清了白莲萌芽、抽鞭、展叶、开花、结果、长藕、休眠的生长规律，说起白莲的花果期，刘桃发也是一套一套的，令人刮目相看。

转眼已是收获季。5 月的一天，廖德熙带着扶贫队的同事们集体出动，前往刘桃发家剥莲子。此时的油槽下绿意恣肆，生机盎然，一条小溪在村前轻吟浅唱，白莲、水稻相间，蝶戏花丛，鸟鸣杂树，俨然孟浩然笔下的田园诗。工作队的到来，顿时打破了平静，大家一边干活，一边讨论莲子的品质和行情。廖德熙剥开莲蓬，取出一颗莲子，丢入嘴中慢慢咀嚼，当那丝丝清甜在舌尖漫溢开来时，他满意地夸赞道：“桃发，你这莲子的品质不错，一定可以卖个好价钱。”刘桃发嘿嘿地笑了，心底充满感激之情，他明白，没有廖书记，就没有今天的好日子。

炊烟在油槽下的屋顶升起。欢声笑语，惊飞了树头的雀群。

这年年底，渡头村的头号新闻是，懒汉刘桃发摘掉了沉重的“穷帽子”。

二

几只白鹭从青江坪组的田野里飞过。

一幢幢建筑从乡道边开始往坡上攀爬，层层叠叠，远远看去，整个青江坪仿佛悬挂在山腰。倘若是烟雨朦胧时，更有一番神韵。

八十五岁的五保户张件秀早早起床，简单地对付了一餐，便拄着拐杖，蹒跚地走到门口，坐在长条木凳上等待邻居来聊天。老伴走了，养子不知所踪，似乎，所有的日子都是一样的，她几乎没有时间概念，饿了就囫囵吃一顿，看别人准备年货了，她也拜托邻居买几样好菜。

春寒料峭，张件秀没有感觉。她的世界，除了身后的几间房子，就是屋前的一棵柿子树、两棵枇杷树、一丛篁竹，还有那只温顺地趴在脚边的小黑狗。邻居忙时，她就一个人静静地坐在屋檐下，如同一具雕像，一坐便是半天。

廖德熙一上坡，看到的就是这样的情景：一幢没有粉刷的房子，一个孤独的老人，一条乖巧的黑狗。

村妇女主任用方言大声介绍：这是新来的廖书记，以后由他负责帮扶你!

张件秀佝偻着腰，把下颌支撑在拐杖上，表情有些木然，似乎没有听清。妇女主任只好贴着她的耳朵，把刚才的话又重复了一遍，张件秀这才明白过来，笑容从干瘪的核桃纹理里钻出来，她一边说“坐，恰水（喝水之意）”，一边摇摇晃晃地去拿热水瓶。廖德熙慌忙上前拦阻。

在厅堂里的圆桌边落座后，廖德熙打量着周围的情况，屋里的摆设很简单，可以说一目了然，只有几张长条木凳、几把竹椅。墙壁，全部是毛坯。桌上，放着一个小瓷盏件，廖德熙揭开盖子看了看，里面装着几块霉豆腐。张件秀坐在旁边，也不知道该说什么，有点微微不安。其实，对于老人的情况，罗金发已经给廖德熙介绍得清清楚楚。这次前来，除了认认门，见个面，廖德熙还想亲身感受一下，看能否帮老人解决点实际困难。

推开卧室，廖德熙惊住了，里面只摆放着两张一米多宽的床，连个衣柜都没有，衣服全部晾挂在一根拳头粗的竹竿上。他忍不住倒吸了一口凉气。继续转，廖德熙发现整个房子里没有卫生间，通往二楼的楼梯没有护栏。他把这些情况一一记录在本子里。

村委会上，廖德熙向村干部、扶贫队员介绍了摸底的情况，大家觉得肩上的担子沉甸甸的。廖德熙说："权为民所用，利为民所谋，情为民所系，这不是一句空话，是责任，是落实，更是良心。"

很快，廖德熙、罗金发带着施工队走进了张件秀的家，对墙面进行粉刷，给楼梯安装了不锈钢扶手，在楼梯下的隐蔽处改造出简易卫生间。一组挂衣柜、一台冰箱搬进了张件秀老人的卧室，一台彩色电视机挂上了厅堂。屋里亮堂起来了，老人的心灯也亮了。

那天，廖德熙又一次来到张件秀的家走访。他无意发现厅堂左侧通往刘氏祠堂的木门朽烂了，摇摇欲坠，连忙借来卷尺丈量尺寸。待廖德熙忙得差不多了，老人说，卧室上端的通风口漏风，冬天好冷。廖德熙一看，明白了，原来建房时只考虑留口子通风，却没有安装玻璃。

没过几天，有工人登门服务，手脚麻利地拆除了那扇木门，重新安装了铁门，顺便给通风口装上了玻璃。张件秀拄着拐杖走过来，走过去，乐滋滋的，像个节日里的孩子。

↑ 2017 年，廖德熙（右）在田间走访贫困户

青江坪组的贫困户刘惟保和老伴住在相邻的油槽下，女儿出嫁后，老两口经常拌嘴。这天晚上，廖德熙刚刚端起饭碗，刘惟保来了电话，哇哇大叫着说老伴欺负他，两人又吵架了，这日子没法过，他要离家出走。廖德熙顾不上吃饭，带上驻村干部小跑着赶过去调解。

昏黄的灯光下，刘惟保坐在厅堂的竹椅上生闷气，像头斗败了的公牛，胸部激烈地起伏。地上，丢着一个旧旅行袋。老伴正在厨房里一边洗碗筷，一边继续批斗他。廖德熙一看这架势，哭笑不得：这对老小孩！

起因其实很简单，一个字，还是“钱”的问题。老伴过几天准备回娘家那边走亲戚，便买了几件礼物，刘惟保觉得妻子过于大手大脚，毕竟家里太困难，于是，两人一言不合，打起了嘴仗。弄清原委，廖德熙心里一阵难过，一切，还是贫穷惹的祸呀。

安抚好刘惟保夫妇，廖德熙赶往上屋组召开贫困户户主座谈会，研究讨论产业帮扶事项。通过刘惟保夫妇的事，他更加深切地意识到，扶贫“输血”固然重要，如何“造血”，才是治本之策。会后，他拨通了本地的绿野轩公司负责人的电话，希望对方能够利用油茶基地，帮助贫困户参与发展油茶产业。他说，苏区的老百姓太不容易了，我们得有反哺之心，尽管还有几年我就要退休了，但我渴望能够做点有意义的事情。对方被廖德熙的一片赤诚所感动，当即满口答应下来。

三

做扶贫工作，不仅仅需要爱心，需要奉献精神，还要忍得了误解，受得住委屈。这是廖德熙在扶贫过程中的感言。

2002 年，廖德熙从部队以正营职分配到瑞金市国税局工作，历任管理二股科员、稽查局派驻监察员、监察室主任。2017 年年初，因年龄原因，他退出部门负责人岗位。按理说，他可以喝喝茶、看看报、享享清福了，可是，他总觉得作为一名老党员，不能尸位素餐，得做点有益于国家、有益于老百姓的活。

当廖德熙主动请求到深山扶贫的消息传开时，很多同事无法理解，觉得他这是自讨苦吃。

妻子张小凤又是心疼，又是担忧："德熙呀德熙，你这头犟驴，你以为自己还是在部队那时候的身体吗？！"

廖德熙开玩笑道："不对，是孺子牛，鲁迅说的，'俯首甘为孺子牛'。"

"就你贫嘴！"张小凤嗔道。数落归数落，她还是仔仔细细地给丈夫收拾好行装，备好常备药。

知夫莫如妻，在渡头村的日日夜夜，一想到妻子，廖德熙内心是满满的感激，以及满满的温馨。

相比而言，不是所有的贫困户都能理解一个扶贫干部的心，比如，渡头村岭基组的低保户钟水长。

廖德熙发现，瑞金市很早便出台了《全面推进新农村建设工作实施方案》，可是渡头村的村民积极性不高，施工力量不足，进展缓慢，如果按这样的速度推进，年底完成农户房屋"四改一整治"（危房改造、厕所改造、道路改造、环境改造、土地整治）的目标根本不太可能。他找来罗金发一起拿主意。

罗金发默默地抽烟，吐出一串白圈后，苦涩一笑："各个村都在抓这事，施工队伍不够，无法保证进度。另外，老百姓怕奖励补助是竹篮打水。"

廖德熙想了想："那就自力更生，集中力量办事，我们把全村的泥水匠集中起来，自己组织施工队，先帮助贫困户完成工程，让大家看看成效，之后再铺开。"

于是，村干部、扶贫工作队全部出动，白天带着施工队进村入户，晚上挑灯夜谈，宣传奖励补助政策。道理越讲越明白，心灯一旦点燃，自然把前方的道路看得清清楚楚。对建档立卡贫困户住房、环境、入户道路的改造起到了立竿见影的宣传效果，曾经的谣言不攻自破。整个渡头村沸腾起来了，气象为之一新。

面对渡头村的变化，岭基组的建档立卡贫困户钟水长却抱着事不关己、高高挂起的冷淡态度。

出生于二十世纪七十年代初期的钟水长有两儿一女，妻子患有慢性病，长期吃药，一家人住在两间土坯房里。廖德熙在家访时，无意得知，钟家大女儿钟梅林在井冈山大学读书，交不起学费，面临困境。他跟罗金发商量，要设法拉一把，帮助这个家庭渡过难关。经过努力，钟水长全家被列为低保对象。

看着两间落伍的土坯房，廖德熙皱着眉头，跟钟水长商量："村里准备优先整治你家的房子，怎么样？"

钟水长冷淡地两手一摊："无所谓，反正我没钱，也没那个精力。"

廖德熙没有在意其态度，回头便安排相关事项去了。

2017 年 4 月的一天，天气晴朗，廖德熙、罗金发组织施工队运了一车材料、工具，一早向岭基组进发。乡道在村口戛然而止，不能继续往村里前行。钟水长的家坐落于村庄中部位置，施工所需的脚手架、石灰、水泥等只能依靠人力搬运过去。

钟水长两手抄在裤兜里，面无表情地看着大家。

罗金发真生气了，瞪着眼，想上去说道几句。廖德熙一把拽住了他，平静地说："伙计，不要计较，咱们是来解决群众困难的！走，我们来搬。"说罢，他抄起扁担，挑起石灰，颤悠悠地往钟水长的房屋走去。罗金发一愣，旋即弯下腰，搬运起材料来。施工队的人员见状，也默默地干起活来。

一支荷担的小小队伍，来回穿梭在弯弯曲曲的村中小道上。

干得欢快的廖德熙一时兴起，忽然唱起了老电影《李双双》里面的插曲：“（咳咳 呦呦嗬 呦嗨）小扁担，三尺三，小扁担三尺三。（咳哎咳呦嗬呦呦咳）姐妹们姐妹们挑上不换肩，（咳哎咳呦嗬呦呦咳）一行排开（一行排开），走得欢，哎，好像那大雁上青天……”

钟水长慢慢将手从裤兜里抽出来，一张脸，突然涨得通红。他悄悄地抓起了一根扁担……

几天后，两间土坯房脱胎换骨，原来的破旧灰瓦被蓝色琉璃瓦所替代，斑斑点点的裸墙像穿上了洁白的裙子，门口不再坑坑洼洼，一条水泥路平平坦坦。看着妻子、儿子欢天喜地的样子，钟水长感觉做梦一般，转身，看见廖德熙泛白的两鬓，他的眼里湿润了。

钟梅林在电话里得知了家里的变化。她深受感动，仿佛看到了正处于嬗变之中的渡头村。廖德熙，她永远记住了这个名字。

一棵枝繁叶茂的古樟撑开硕大的树冠，像举着一片绿色的云。每天有叽叽喳喳的鸟们在枝丫间对歌，或者开“部落会议”。门前，一脉青山横亘，翠竹、松树、杉树、泡桐杂居，形成一个植物小社会。映山红盛开的时节，仿佛满山栖息着绯云，点燃了青江坪家家户户的日子。

岭背小组的村民罗俊平自从搬迁到青江坪之后，每日打开门，面对的就是如此的情景。丈夫曾小明是位建筑工，在工地上负责扎钢筋，活儿虽然累，可一家人相守相依，知足常乐。罗俊平那张圆乎乎的脸上，总是挂着惬意的笑容。

一切在 2017 年 9 月化为齑粉。

那天，曾小明在赣南医学院附属医院被确诊为脑瘤，手术费需要二十余万元。犹如晴天霹雳，罗俊平懵了，骤然间，感觉天塌下来了。半晌，她回过神来，趔趔趄趄跑到病房外面，颤抖着手，拨通了廖德熙的电话，还没开口说话，先失声痛哭。

一瞬间，廖德熙明白了，无助的罗俊平现在唯一的希望，就是求助村委会。可是，曾小明一家不是建档立卡贫困户，如何办？几十万元的治疗费，足以压垮这个家啊。一个个烟圈，环绕在廖德熙的房间里。

当夜，村委会的全体干部、扶贫工作队的全体成员召开紧急会议，商量对策。廖德熙、罗金发的态度高度一致，老百姓的生命高于天，不能甩袖不管。

爱，永远是人间最高贵的词语。

曾小明的病情牵动着无数人的心。

村民们纷纷放下手中的活，有的甚至专门从外地赶回，参加村小组会议，集体表决曾小明之事。善良的村民们纷纷投了赞成票，同意将曾小明一家列为建档立卡贫困户。

请求将曾小明一家列入建档立卡贫困户的报告一路遇到绿灯。一份报告，演变为一场爱的援助。

医药费有了着落，廖德熙总算喘了口气。他现在担忧的是，曾小明家有三个子女需要抚养，大女儿还在读大学，生活费该如何解决？跟村委会一班人商量后，廖德熙跑到相关部门，特事特办，给曾家争取到了三个低保指标。

↑ 渡头村罗俊平如今的家

罗俊平忘记不了，丈夫在赣州住了七十多天院后，于年底回到渡头村，当天晚上，廖德熙便上门来探望，临走时掏出钱包里仅有的两百元，有些羞赧地说：“不好意思，有段日子没回瑞金。这点钱，给小明买点水果吧。”

如今，丈夫走了，好书记廖德熙也走了。罗俊平有空的时候，学起十字绣的技艺，费了不少工夫，终于绣出了一幅《八骏图》。她叫人简单装裱后，悬挂在厅堂右边的墙上，没事时便呆呆地看上一阵，看着看着，她只觉得廖书记就是那匹头马，丈夫也紧紧跟随于后，他们向远方跑去，阵阵激越的马蹄声中，日子依旧像花一样绽放。

四

渡头村有一条像模像样的街道。渡头圩，是冈面乡三大集市之一。

廖德熙住在村委会办公点的二楼，临街，从窗口可见小街的大概情景。清晨起床后，他喜欢坐在窗边，静静地抽上一支烟，听着店铺吱吱呀呀开门的声音，听着鸡鸣狗吠热闹起来，听着汽车喇叭急急地远去。这是人间的烟火气息，他喜欢。

离开部队多年后，他依然保持着晨跑的习惯。在跑步中，释放了一切块垒和郁闷。穿过小街，尽头，是渡头小学。很多时候，廖德熙喜欢在这儿逗留，听听孩子们晨读的声音，多年前接送儿子的一幕幕场景仿佛飞回来了，片刻后，被一群鸟衔往青山白云间。他情不自禁地跟着默读："春眠不觉晓，处处闻啼鸟。夜来风雨声，花落知多少。"

学校的斜对面，视野开阔处，是渡头村的烟叶基地，每到春天，如绿色的瀚海。沿着右侧的一条水泥路走下去，小桥边，坐落着烤烟房。清澈的溪流流淌着，发出悦耳的歌吟。廖德熙喜欢走在这样幽静的地方，有时候，罗金发会陪他一块走走，聊聊产业庄稼，聊聊乡俗俚事，聊聊家长里短。罗金发的妻子也患了重病，里里外外得管，烦恼的时候，烟抽得更凶。在廖德熙的鼓励下，罗金发克服困难，成为村里种植烟叶的行家里手。

空闲时，廖德熙喜欢算账：“全村种植烟叶一百八十亩，亩产约在三百斤左右，按十三元的收购单价算，一年收入七十万元左右。”算着算着，那眉目间满是欢喜。

罗金发感慨道：“伙计，我们都是奔六十的人了，两匹老马，还跑得那么欢，人家指不定在背后议论啥。”

↑ 渡头村烟叶种植基地

“议论啥？谁叫咱是党员！”廖德熙道，“我在局里负责纪检监察工作时，得罪了一些干部，但公道自在人心，群众的眼睛是雪亮的。老骥伏枥，志在千里。看看老百姓日子一天天改善了，有了奔头，我们再苦再累，值得。”

说起来，廖德熙心里也有愧疚。儿子出生的时候，大雪纷飞，廖德熙却在部队执行任务。儿子大学毕业前夕，有人建议廖德熙找找那些在部队里担任要职的战友，托一下关系，给孩子安排一个好公司。廖德熙却不为所动，任由儿子通过他自己的努力去了一家保险公司。他告诉孩子：“年轻人就是要去吃苦，吃苦才不会吃亏。当年老爸参加工作时，一无所有，靠努力拼搏才到了现在的岗位。”

或许是军营造就了廖德熙的刚毅性格。每次听到《爱拼才会赢》这首歌曲时，他便会热血沸腾。在外人看来，五十多岁的廖德熙总是那么精力充沛、斗志昂扬，可又有谁知道，驻守渡头村的日子里，他经常感到腰酸背痛，有时候疼得直冒冷汗。

2018年年初的一天，妻子张小凤察觉了丈夫的异样，顿时警惕起来，说：“德熙，别硬撑着，还是抽空去医院检查检查。”

廖德熙咧嘴一笑，安慰她：“没事没事，你还不信我的身子骨吗？休息一下就好了。”

张小凤理论不过丈夫，看着廖德熙疼得弯成弓状的样子，心疼得吧嗒吧嗒直掉眼泪。她唯一能做的，就是给丈夫轻轻揉搓。揉着揉着，廖德熙竟然打起了呼噜。

这一夜，张小凤盯着丈夫憔悴的脸，久久不能入眠。长夜漫漫，她多么盼望脱贫攻坚胜利的那天能够早日到来，好让丈夫能够美美地睡上几天几夜，她则哪里都不去，好好陪伴在身边，每天做几个廖德熙喜欢吃的菜，静静地享受一起老去的慢时光。

五

罗金发永远忘不了那一天：2018年2月8日，农历小年。

那天，阳光如此灿烂，天空蓝得近乎透明。瑞金街上，人们喜气洋洋地忙着采购年货，新年的气息愈来愈浓了。

上午八时整，廖德熙带着罗金发迈着轻松的步子，走进瑞金市国税局局长吕学昌的办公室。此行，他们是专门来汇报渡头村扶贫工作的相关情况。

简单寒暄后，罗金发翻开了记事本，先汇报了三件事：一是准备在春节前夕对一百零八户贫困户进行走访慰问，准备给每户家庭送一袋大米、两壶食用油；二是村里计划对油茶产业扩大种植规模，在之前六千亩的基础上，年后再增加两百亩；三是新建党群服务中心，强化党建阵地建设。

随后，廖德熙接着汇报驻村工作队的主要工作情况。

没过多久，罗金发下意识地看了老伙计一眼，意外发现他的身子忽然抖了一下。

“咋了？”罗金发问道。

廖德熙摇摇手：“没事没事。”

吕学昌示意他先喝口水，慢慢来。

就在这时，意外发生了，廖德熙突然摸着胸口，脸色苍白，一副极其痛苦的样子。未等吕学昌、罗金发反应过来，廖德熙一头栽到办公桌上。

吕学昌立即叫人进来：“快，赶快，立即送市人民医院。”

同事们迅速将廖德熙抬上汽车。

失魂落魄的罗金发紧随其后，赶紧拦了一辆的士，火速赶往瑞金市人民医院。谁知当他刚到医院大门口，一辆120急救车呼啸而出，直奔赣州，车上，是昏迷不醒的廖德熙。

当天，吕学昌放下工作，亲自奔赴赣南医学院附属医院，协调对廖德熙的救治事项，并联系了厦门那边的专家，做好转院准备。瑞金市国税局工会主席何建明带着一名职工待命，一旦要转院，他们随时赶往鹭岛陪护。

然而，再多的努力，也唤不醒那头将爱与美反哺给大地的老黄牛。

时隔数年后，只要讲起廖德熙，罗金发的眼圈就红了起来。他实在思念自己的搭档，思念自己的老伙计啊！

“这心口，疼。”罗金发捂住了脸，泪水，从两只手的缝隙间滑落下来，滴湿了办公桌上的记录本。

罗俊平是在廖德熙走了几天后，才无意从村民的朋友圈里得到消息的。她抱着丈夫曾小明的遗像发呆，脑海里浮起廖德熙家访的一幕幕往事。

“像做了一场噩梦”，说到廖德熙，罗俊平神情黯然，“有时候感觉这纯粹是一件虚拟的事情。”

张件秀老人依然喜欢坐在门口的长条木凳上，等待邻居来聊天。那条黑狗摇着尾巴小跑着来来去去，偶尔，乖巧地趴在老人的脚边。几只鸡“咯咯”叫着，欢快地扎进草丛。

老人的话越来越少了。她平静地看着远山近树，或者，什么也没看。

这一天，罗金发带着记者来采访廖德熙生前的事迹，想听听老人对廖德熙的印象。张件秀呆呆地看看记者，看看罗金发，似乎并不明白。罗金发急中生智，打开手机里保存的廖德熙的照片，放大，递到老人的眼皮底下，提高嗓音道：“还记得吗？廖书记！”

张件秀浑浊的眼里忽然有火花闪耀。她缓缓起身，也不搭理谁，只顾拄着拐杖，蹒跚地走进卧室，先用右手摸摸冰箱，再走到挂衣柜边，用脸贴了贴，然后，转身看着大家。

沉默。

老人忽然喃喃自语道：“廖书记，好人，好人哪……”

眼睛里仿佛有热流要喷发。罗金发不敢待下去了，他赶忙逃出房间，站在那片空场地上喘气。

远山如黛。

罗金发似乎又听到了老伙计的歌声：“（咳咳 呦呦嗬 呦嗨）小扁担，三尺三，小扁担三尺三。（咳哎咳呦嗬呦呦咳）姐妹们姐妹们挑上不换肩，（咳哎咳呦嗬呦呦咳）一行排开（一行排开），走得欢，哎，好像那大雁上青天……”

06

答卷

一

蝉在吊着嗓子叫，好像被烈日灼痛了身体。

田野里一派繁忙景象，人们忙着收割早稻、种植荸荠、抢插晚稻。整个余干县洪家嘴乡双港村，家家户户无闲人，大伙脚下生风，恨不得把时间掰成两半用。

越是辛苦，人的身子骨越容易出问题。村卫生室里，感冒发烧、打针开药的村民明显增多了。三四十平方米的空间，挤得像高峰时的公交车。

这是 2015 年的 7 月。

村医程红辉和妻子冯世梅忙得满头大汗。老人的呻吟声、小孩的哭叫声、病人的交谈声，如同另一种蝉声，汇集在一起，表达着对暑热的不满。

卫生室是一个狭小的铁皮屋，这里与其说是看病的场所，不如说更像一座人满为患的候车室。程红辉有心改善条件，奈何没有地皮。

从余干卫校毕业之后，程红辉选择留在家乡创业，开始了自己的村医生涯。经人介绍，他与毕业于景德镇卫校护理专业的冯世梅结为伴侣，共同打理着卫生室。置身熟悉的环境，往来者都是乡里乡亲，两口子渐渐适应了这种平平淡淡的日子。

门口，忽然走进来几个人，程红辉一看，多半是熟悉的村干部，只是，领头的那位穿着短袖配浅色衬衫的壮实男子，他却是第一次见。

“红辉，这是驻村扶贫工作队的曹书记，省里来的领导。”双港村民兵营营长程平飞介绍道。

曹建彭一把握住程红辉的手，开玩笑说：应该叫曹队长，叫老曹也行。

一边的冯世梅忍不住多看了曹建彭一眼，心里说：这人不像当领导的，更像一个大哥。

两口子后来才知道，曹建彭是一位正团级军转干部，现任江西省侨联机关党委专职副书记，从 2015 年 7 月开始担任驻双港村扶贫工作队队长，曹建彭还是一位军事学硕士。

寒暄后，曹建彭皱着眉毛说：“卫生室的条件太简陋了，面积太小，得想办法改善。”

程红辉无奈道：“不是不想改善，而是没地方。”

程平飞解释道：“周边都是老百姓的宅基地，做不通思想工作。而且，在我们这儿，大家忌讳把卫生室建在自己家旁边，认为不吉利。”

曹建彭点点头，没再吱声。

几天后，双港村召开村支部、村委会会议，讨论近期扶贫工作。曹建彭提出，想办法改建村卫生室。他说：“我把附近的情况摸了一遍，新的卫生室，必须建在中心地带，方便群众看病。我看这个地方比较合适。”

大伙立即凑了过去，曹建彭在纸上划拉出了一个位置图，可是，大家一看，又默默坐回原位。

“曹书记，这地方的确合适，可是，这块地的主人，肯定不买账。”村委会报账员李金助打破了缄默。

曹建彭呵呵笑了："我知道，这位叫王登保的老人准备把那块地用来给孙子盖房子。"

李金助双手一摊："所以十有八九没戏，咱还是另选他处吧，省得浪费时间。"

曹建彭沉吟了一下，说："不，这是一个最理想的位置，前面是马路，离村部和学校都近，老百姓往来方便。我们可以努力去做做工作。"

果然，如李金助所言，第一次登门，王登保老人便直接回绝了。

曹建彭不气馁，没过几天，又来了一次夜访。王登保一愣，埋头继续在昏黄的灯光下扒拉着米饭。

"大叔，我知道您心里憋闷，可是，建好了卫生室，是件造福村子的好事情。双港可是您老人家待了八十年的地方，您那么善良，肯定希望左邻右舍健健康康的，头疼脑热时有个保障。我跟您儿子他们也聊了，都挺支持。现在，就差您点头了。"

老人瓮声瓮气地憋出一句："你这是游击战术，一个个击破啊。"

曹建彭被逗笑了："哪跟哪呀，你们这是识大体、顾大局，支持村

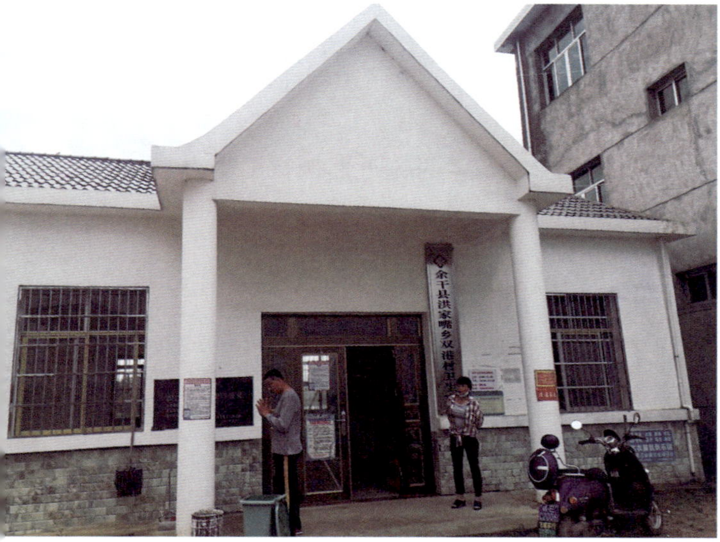

← 如今的双港村卫生室

里的工作，给老百姓造福呢。您放心，我们是置换土地，决不让老实人吃亏。”

王登保叹了口气，说出了心里话：“曹书记，我悄悄留心你了，你不像个官，是个真心把农民放在心上的人，程得财的事我听说了，就凭这一点，我支持你。”

在村民们热切的注视下，双港村新的卫生室开工建设了。

二

天上好像架设着无数熊熊燃烧的火炉。人还未迈步，汗水便如同泉水一般往外涌。

顶着骄阳，曹建彭带着扶贫队员到神仙坂程家组入户采集贫困户的信息。他穿了件蓝色T恤衫，身材魁梧，走在最前面。可是，那个程得财的手机怎么也打不通。正当大家束手无策之时，一位个子瘦小、肤色黝黑的男子戴着白花花的日头晃了过来，他正是程得财，刚刚从地里干活回来。一问，原来，他的手机欠费了，开不了机。

曹建彭二话不说，掏出手机就帮程得财交了五十元话费。

一进程得财家的门，曹建彭便倒吸了口凉气。由于没钱，程得财只建成了一层房子，遇到下雨时，雨水从楼梯口倒灌下来，家里成为“水帘洞”。看着没有刮瓷的四壁，曹建彭不是滋味。

程得财似乎感觉到了什么，有些羞赧，不过，他真是没辙，妻子患了精神分裂症，三个孩子嗷嗷待哺，雪上加霜的是，上小学的大女儿还患有先天性心脏病，全家人过日子，全靠着自己就近做泥瓦工，种几亩

↑ 今日的神仙坂程家组

薄田支撑。

曹建彭认真地听完村干部介绍的情况，拍了拍程得财的肩膀："不容易，不容易。得财，一个人活在世上，没有什么救世主，得靠自立，别人的帮助只是暂时的，自己赚钱最光荣。"

那天，他们打开心扉，唠了许久。曹建彭建议程得财尝试种植荸荠。

抱着试试看的心理，程得财把原本准备种晚稻的两亩多水田倒腾出来，全部种上了荸荠。等待，既焦虑，又兴奋。看着荸荠郁郁葱葱的细叶，程得财好像看着自己的孩子正在一天天生长，风一吹，恍惚间，他甚至感觉自己听到了荸荠在深泥里的窃窃私语。

转眼，收获的季节到了。曹建彭兴致勃勃地跑过来，与程得财一起挖荸荠。一筐筐沾着泥土的荸荠摆在了田埂上，像站岗的小分队，正等待远行。忙完，一算总账，乖乖，好家伙，进账一万五千多元呢。程得财乐得哼起了小曲。

在曹建彭的鼓励下，程得财跳出村组，在附近的村庄揽活，铺地板，砌砖墙，由于手艺精湛，做事靠谱，村民口耳相传，接活的频次越来越密集。到了年底清点收入，程得财露出了久违的笑容。他决定给房子加盖一层。

曹建彭接到程得财准备加盖楼层的电话后，甭提有多欣喜了。动工那天，他乐滋滋地一早赶到了神仙坂程家组，陪着程得财一块施工。

“你做你的泥工活，我来做小工。”曹建彭说着，真的弯腰操起一把铁锹，拌起泥浆来。程得财一边砌墙，一边抬头看着全神贯注干活的曹建彭，心间涌起满满的温暖。

数月之后，二楼完美呈现在村民们的眼前，令大家对程得财刮目相看。

程得财的大女儿叫程雨芳，成绩优异。曹建彭每次来走访，都喜欢跟程雨芳聊聊天，鼓励她要立志：“外面的世界很精彩，关键是你要练就一身真本事。”

曹建彭再三叮嘱程得财：“记住啊，一定要让孩子好好读书，千万不要因为有暂时的困难就去耽搁孩子的学习。”

言犹在耳，令程得财做梦都没有想到的是，曹建彭会那么快撒手人寰。尽管事情过去了好几年，但只要一提到曹建彭的名字，程得财便眼圈泛红，顾不得失态。

他，真的又想曹书记曹队长了。

三

对于曹建彭帮忙拌泥浆的事，神仙坂程家组另一个贫困户程四毛也记忆犹新。

程四毛生于1965年，两三岁时不幸得了小儿麻痹症，左腿从此残疾。初中毕业后，他本来考上了县高中，但考虑到家里穷，自己又是这副样子，便无奈放弃了。

曹建彭第一次见到眉清目秀的程四毛时，很是为对方叹息，这么聪明英俊的一个人，可惜耽误了。看着程四毛一个人住在墙壁开裂的危房里，曹建彭有一种锥心之痛。

情况一反映到江西省侨联，侨联领导就十分重视，积极协调解决资金。很快，施工人员进驻神仙坂程家组，对程四毛的住房进行拆除，重新建造。为了省钱，程四毛没有请小工，自己拄着拐杖瘸着腿去拌泥浆。曹建彭正好看到了，忙抢步上前，劈手夺过铁锹，责怪道："你看看自己的情况，万一跌跤了怎么办？"说着，他埋头亲手拌起了泥浆，地面上，传出一阵阵沙沙声。程四毛站在一边，绞着双手，既惭愧，又感动。

程四毛在门前的池塘边开垦了几小块地，用于种蔬菜。黄昏时，他会慢悠悠地舀水浇菜。有一回，他正在给辣椒苗、茄子苗浇水，被前往贫困户家家访路过此地的曹建彭瞧见了，曹建彭赶紧冲了过来，夺过长把木勺子，一勺水一勺水，帮忙将整块菜地浇完了。

那天聊天，曹建彭得知程四毛有着多年剃头的丰富经验，曾经是村里五六百人的"专职剃头匠"，但是，近年来村里人赶时髦，纷纷去余干县城里的专业理发店，严重冲击了他的生意，于是，程四毛变得心灰意冷，出工也没那么勤了。曹建彭建议他发挥特长，不要甘于贫穷。

“活到老学到老，等你的手艺更进一步了，我帮忙把你的理发店开到余干城里去。”曹建彭勉励道。

“就咱这样子，能行吗？”程四毛一点底都没有。

“怎么不行？你头脑灵光，经验丰富，又讲诚信，一定能行。”曹建彭毫不犹豫地说。

程四毛决定先把村里的市场巩固好再说。他将每人剃头费的标准定为一年七十元，背着工具箱，拄着拐杖上门服务。

“四毛的剃头活又开张了。”村民们奔走相告。

住上了新房，剃头的活计也越干越有劲，眼看着日子越来越有盼头了，谁知，一个晴天霹雳传来，曹建彭猝然离世，程四毛那个到余干县城开理发店的梦想，也随之破灭了。

双港组村民王多寿七十多岁了，他和老伴体弱多病，原来住的房子低矮潮湿、四处漏风。曹建彭第一次走进这对老夫妻的家里时，如坐针毡，心底深处觉得愧疚。

“大叔，我会尽快想办法，这房子，实在住得不放心。”走访完了，告别时，曹建彭说了这样一句话。

“谢谢曹书记。”王多寿嘴上说着感谢话，心中却不以为意，这种关心的话他听多了，可是，破房子仍旧岿然不动。

王多寿不以为然，但曹建彭则真的惦记上了。六万多元资金，很快筹集到位。

真的施工了。盯着忙忙碌碌的施工人员，王多寿老两口像做了一场梦一般，之后逢人便夸党的政策，逢人便夸曹建彭。

等到乔迁那天，曹建彭亲自送去新柜子、新桌子、新板凳，开玩笑说："大叔，我给你锦上添花来了。"

吃水不忘挖井人。王多寿紧紧握着曹建彭的双手，一时不知道说什么好，千言万语，都无法表达。老人忽然弯下腰，给曹建彭鞠了一个躬。

四

曹建彭是主动请缨担任扶贫工作队队长的。或许是在军营锻打多年的缘故，他的心灵世界里坚挺地生长着一棵"为人民服务"的精神之树。

余干辣椒名闻天下，其果实较小，皮薄，肉质细嫩，口感鲜、香，辣味适中，吃后略带甜味，其中，以双港村枫树自然村的小辣椒品质最优。位居余干县城郊区，双港村有得天独厚的优势，但由于种种原因，全村五个自然村，依然有贫困户三十七户、一百四十九人。

当曹建彭风尘仆仆地走进双港村村部时，眼前的两层小楼像风烛残年的耄耋老人，多处有漏水的痕迹。村支部委员会、村委会干部以老同志居多，缺少活力，全村六百九十九户人家，人口超过三千五百人，管理难度不小。

面对村干部探询的目光，曹建彭打开天窗说亮话："我也算是老同志了，五十一岁，跟大伙差不多。咱们从此在一个屋檐下相处，这是缘分，而牵线人是扶贫这项伟大的工程。当年，中共中央从西柏坡启程前往北平时，毛泽东同志说，今天是进京的日子，我们绝不当李自成，希望考个好成绩。现在，我们面前也摆着一张考卷，怎么答，需要大伙一起努力。我先表个态，既然来了，就不当逃兵。"

行动是最好的回应。曹建彭挨家挨户认门，采集信息，了解情况，思考解决问题的途径。他常对贫困户称，他是认亲戚来了。

第一次走进贫困户程乐先家的院子，曹建彭见到里面堆满杂物，一片狼藉，他二话没说，抄起扫帚便清扫起来，整理好环境。“好干部！”程乐先的眼睛一亮。

第一次走进贫困户李小平家，曹建彭听说其女儿没有读完初中便辍学外出打工，顿时急了：“不读书，一辈子都要吃亏！赶紧叫孩子回来，先上学要紧，其他困难，咱们一起来克服，办法总比困难多。”李小平没吭声。曹建彭有的是韧劲，一回不见效，那么，就二次登门，二次没结果，则三顾茅庐。反反复复十多次，让孩子读书的事，曹建彭寸步不让。李小平实在不好意思，人家曹书记比对待亲闺女还上心呢，感动之余，他亲自将女儿重新送回了课堂。

曹建彭停不住脚步，醉心于双港村的“凤凰涅槃”征程。他从省侨联争取了二十万元扶贫资金，用于村卫生室的重建；从县里、乡里协调了五百多万元资金，修建了三十多公里的村组道路和村民入户路；从相关部门那儿“磨”到了二十五万元，用于神仙坂程家组秀美乡村建设，因地制宜建设了一个健身广场。

时间是试金石。不知不觉间，人们讶然发现，村部那幢老楼也变样了：顶部加盖了斜坡屋顶，外面下大雨里面下小雨的情景一去不复返；楼前竖起了旗杆，国旗每日迎风飘扬；外墙变得干净整洁，几行标语提振着士气，正面一行写着“听党话，感党恩，跟党走”，左面墙上则写着“立下愚公移山志，打赢脱贫攻坚战”。环境变了，村干部的精神面貌也在悄然发生变化，大伙都在沉思：如何答好脱贫攻坚这张时代的试卷？

双港村是种植余干辣椒的“风水宝地”。曹建彭经过多次调研，与村“两委”班子确定了种植余干辣椒、发展特色农业的产业思路。自然而然，辣椒种植能手李进友进入了曹建彭的视线。

多年以来，李进友坚持种植余干辣椒，并成立了一个种植专业合作社，但规模不大，缺少科学管理。曹建彭主动当起了“军师”，给他出谋划策，在其穿针引线下，合作社获得五十万元的扶贫产业资金支持，种植规模翻了一番，达到一百六十多亩。

2016年，辣椒基地突然出现辣椒苗大面积烂枝的情况，这下可把李进友和儿子李志豪急坏了。曹建彭闻讯，立即联系江西省农科院科技人员星夜驰援，指导村民们采取土壤消毒等补救措施，一举挽回了损失。随着辣椒产量增加，曹建彭敏锐地意识到，必须未雨绸缪，拓展销售渠道。为此，他主动联系江西电视台、余干电视台等媒体，宣传推广双港村的余干辣椒，一时之间，经销商蜂拥而至，辣椒供不应求。

在走访中，曹建彭了解到，有三十二位贫困户想留在家乡照顾家里，却苦于“有力无活”。他当即把大伙的工作经历、专业特长、个人性格、适合岗位等情况做成档案，然后去辣椒基地找负责人李志豪。

待曹建彭说明来意后，李志豪为难了：“曹书记，您帮助我们这么多，我们当然义不容辞，只是，我担心他们要么干不长，要么干不好，到时候可就麻烦了。”

曹建彭却一副信心满满的样子：“你放心好了，这批人，我们将严格按标准选拔，包你满意。”

李志豪迟疑了一下，想再说什么，但被曹建彭充满期冀的目光融化了。他转而说：“那就先试试看吧。”

于是，三十二位贫困户在家门口实现了就业，每户单分红便进账两千五百元。笑声，飞进了这些曾经是那般无助的家庭。

每逢早春辣椒、秋辣椒采收之时，曹建彭喜欢蹲在地里，跟贫困户们一块干活，顺便挨个聊聊家里近期的情况。温煦的阳光洒在青熟果绿色的辣椒上，也洒在曹建彭汗津津、黑乎乎的脸膛上。他一边喜盈盈地采摘着辣椒，一边听着村民的家长里短，好像回到了自己的故乡。

2017年，在神仙坂程家组健身广场上。双港村党支部开展了一场“学习贯彻十九大精神，共建共享平安家园”露天宣讲会，由曹建彭亲自主讲。他结合全村的实际情况，深入浅出地剖析了双港村面临的形势和破解困境的办法。他说，思想有多远，人就能走多远，海阔凭鱼跃，天高任鸟飞。

↑ **曹建彭在辣椒产业基地**

对于曹建彭来说，双港村就是自己的考场，他责无旁贷，必须考出一个满意的成绩。

沐浴着融融春光，他又在思考，准备将五十亩的七里湖全部种上芡实，给双港村的父老乡亲再添一把致富的薪火。

五

双港村毗邻信江、互惠河，一个个自然村沿着河畔而建。渔舟唱晚，船帆悬挂着橘红的夕阳缓缓消失，好一派江南风光。

被河水喂养着的双港村，迈开步伐，在脱贫攻坚的风雨中砥砺前行。

进入双港村村部小院，左侧最顶端，就是曹建彭的办公室，也是村里的扶贫工作室。

两张办公桌面对面挨着，淡黄、淡绿色相间的窗帘垂到墙根，右侧墙壁上贴着《双港村贫困户结对帮扶信息卡一览表》。驻村的那些日子里，曹建彭没事时会默默盯着这一张张表格，它们如同一道道填空题，更如同一道道问答题，正等待着他和同事、村干部们一起解答。

相比简陋的村部，蝶变后的神仙坂程家组名副其实有了仙境的神韵。村口，一口偌大的水塘碧波荡漾，一个小型喷泉不时喷吐出“珠玉”，岸头的垂柳、翠竹迎风摇曳，婀娜多姿，一座座崭新的小楼依次排列，倒影斑斓变幻，遇到烟雨蒙蒙之时，整个村庄更是一幅水墨图。

行走在风景如画的神仙坂程家组，曹建彭打心眼里高兴，他和村民们共同见证了一个秀美乡村的惊艳嬗变。行走在风景如画的神仙坂程家组，村民们恍若进入一个梦境，走着走着，他们会情不自禁地想起一位叫曹建彭的扶贫队长。

“贫困户的笑容是给我最好的安慰。”曹建彭不止一次跟同事、驻双港村第一书记严曙光说到这句话。

1964 年 8 月，曹建彭出生于彭泽县一个农民家庭，或许是生于农村、长在农村的缘故，他对农民有着一种天然的亲切。十七岁那年，曹建彭参军入伍，凭着一腔热血，他冬练三九、夏练三伏，从一名普通的战士成长为一名副旅长。2010 年 1 月，曹建彭转业分配到江西省侨联工作，先后担任办公室调研员，机关党委专职副书记、机关纪委书记。驻村双港之后，他仿佛找回了乡村的少年光阴，每天浑身有使不完的劲。

到贫困户家串门，几乎是曹建彭雷打不动的“功课”。驻村工作队队员、村干部都知道他有一句口头禅：“群众的困难，就是我的困难。”而在双港村群众的眼里，“曹书记比亲人还亲”。

血浓于水，真情如酒。曹建彭在 2018 年元旦这天的微信朋友圈写道：有过多少个失眠的夜晚，寒冬里，我们挑灯夜战，挥动着水笔和键盘，一点点准确填写资料和表格，一户不漏地到贫困户家中宣传宣讲。

↑ 曹建彭（右）与同事们一起整理脱贫攻坚资料

感谢善良的村民与我们同心聚力奔向脱贫。在扶贫征程中，（我们）衣食住行全部从简，把全部精力投入在扶贫攻坚上，不辜负领导和组织对我们的信任，以优异的成绩回报领导和组织的关心。感谢我们扶贫队的同仁，尽职尽责，认真做事，无怨无悔，同心合作，遵守纪律。扶贫的号角还在吹响，我们不会停止，我们勇往直前。肩负扶贫任务的队友们辛苦了，好运好梦在 2018！

六

2018 年 4 月 11 日，一个平凡的日子，可是对于双港村的人们来说，注定是悲伤成河。

这里，不妨将时间倒带，寻回曹建彭最后的人生轨迹。

4 月 10 日上午，走访种植余干辣椒的贫困户；下午，召开双港村“两委”班子会议，部署筹备“余干辣椒节”有关工作。

当天深夜，曹建彭与严曙光依然在办公室商量产业扶贫的事，他们达成共识，准备引进一家芡实种植企业，村里入股，贫困群众加入合作社。制定好产业扶贫方案后，曹建彭又忙着整理省侨联的党建展板资料，虽然人在双港村，可单位的党建工作，他还得兼顾。直到子夜时分，两人才回到村部二楼的宿舍里休息。

由于双港村村部条件有限，从驻村以来，两个人便住在同一个房间里。起初，严曙光常常被曹建彭的呼噜声搅得翻来覆去，难以入眠，而时间一久，竟然渐渐适应了。

11 日凌晨三点多，严曙光内急，起来上厕所，蹊跷的是，他没有听见曹建彭山响一般的呼噜声，四下里出奇的宁静。

严曙光忽然升起一种不祥的感觉，连忙打开电灯，近前去看，但见曹建彭满头大汗，一摸，却浑身冰凉。他失声叫道："曹书记！"

十几分钟后，120 救护车开进了院子，然而，一切皆为徒然。医生宣布，曹建彭突发急性心肌梗死，经抢救无效去世，曹建彭永远告别了他深爱着的双港村。

"我把责任始终扛在肩上，我一直在路上，哪一天他们（贫困户）幸福了安康了我就返航。"就在去世前不久，曹建彭还在朋友圈如是写道。然而，他没能返航，他永远留在了双港村。

噩耗犹如惊雷，顿时化为倾盆雨。

双港百姓倾村出动，纷纷赶到村部来送别他们的亲人曹书记。

人们自发地在村部院子里搭设起灵堂，打起一条条追思的横幅。

六百多位在家的村民排着队，依次走到曹建彭的遗像前鞠躬、磕头，从早晨到黄昏，泪水淹没了双港村。

村民王多寿和老伴相互搀扶，蹒跚着过来。老人颤抖着手抚摸着曹建彭的照片，一遍又一遍，终于，像孩子般哇啦啦哭开了："曹书记，你那么年纪轻轻的，怎么就走了呢？我舍不得哇！"

灵车缓缓驶往南昌方向。双港村的男女老少自觉排在村道两侧，含泪送行。

这个春天，双港村六百多人共同在心里种植下两棵常青树，一棵叫

"感恩"，另一棵叫"思念"。

七

一只只白鹭掠过稻田，掠过池水。一幅幅静美的图画展现在双港村卫生室前。

程红辉、冯世梅两口子忙着给村民开药、打针。如今的卫生室再也不是"铁皮屋"时代的寒酸样子了，药房、诊断室、值班室、治疗室等一应俱全，"螺蛳壳里做道场"的情景一去不复返了。

得闲时，很自然，两口子会聊到曹建彭的名字。

"曹书记不像一个当领导的，像咱的亲哥。"这样的话语，冯世梅不知道重复了多少遍。

程红辉并不厌烦，相反，他很爱听，一刹那间，曹建彭似乎还站在那儿聊扩建卫生室的话题。

打针的村民也会聊起曹建彭，尽管事情已经过去几年了。

神仙坂程家组，程得财接放学的孩子回家，村庄里处处干净明亮，不亚于城市，令人心旷神怡，流连忘返。屋檐下，妻子老远嘿嘿朝着他傻笑，挥手做着什么姿势，一个不小心，把墙下的铁锹打倒了，跌在地上，发出一阵清脆的声音。

好像打开了一个记忆的盒子。眼前，又一次出现曹建彭挥锹搅拌泥浆的情景。

此时无声胜有声。程得财闭上眼睛，泪珠断了线一般，迎风滑落。

双港小学校园里，几棵香樟树焕发着新的生机，孩子们在追逐嬉戏，不时爆发出阵阵笑声。只是，那个经常笑眯眯地站在铁门外的“曹爷爷”不见了。

已经担任双港村书记的李金助，忘记不了曹建彭说的那句话：“我们面前也摆着一张考卷，怎么答，需要大伙一起努力。”

是的，对于扶贫干部，每个人都必须认真填写这张考卷。答好了，见民心，见真章。答好了，才不愧对墙上那面党旗，不愧对旗杆上那面国旗。

无疑，曹建彭用生命答好了这张卷子，也许，还有许多遗憾，但他为后来者树立了一个榜样应该有的样子。

三年，在时间长河中不过是一粒微不足道的尘埃，但它们对于曹建彭而言，是出彩的三年。他重新回到乡村，与村民们相认，并最终将自己的剩余时光全部留给了双港村。

鄱水何其有情，青山何其有幸，它们一道见证了一位扶贫干部的跋涉和求索。曹建彭的故事，就像一面铜鼓，等待更多的有缘人敲起。

07

兰溪有嘉木

一

春风吹过颜家村，那棵高大的老树又开始大片地吐绿了。

这是清明后的一个黄昏，七十四岁的孤寡老人颜国和像往常一样，喜欢静静地站在老树下，眯着眼，看着那条弯弯曲曲的进村小道。雀儿的欢叫如初，空气中的芬芳如初，牛毛细雨的润酥如初，然而，那辆银灰色的福特汽车再也不会出现了，那个高大帅气的身影永远去了远方。风，拂动着苍苍白发，无声无息。

快三年了，颜国和至今不愿相信，那位叫李俊敏的好人竟然会猝然离开他挚爱的兰溪父老乡亲。

颜国和的目光落在门前的水井上。心弦，仿佛被轻轻拨动，往事如潮涌来。

那是2017年8月中旬的一天，阳光如瀑，蝉鸣起伏。从地里干活回来的颜国和坐在厅堂的椅子上小憩，左手慢悠悠摇着一把蒲扇，右手跟着收音机里转播的京剧《穆桂英挂帅》轻轻扣着扶手。因为听力不太好，他特意把收音机的音量调得老高。这时候，国网电力江西省有限公司进贤县供电分公司驻兰溪村第一书记熊景春进了屋，后面跟着一位陌生男子，四旬开外，穿着朴实。熊景春凑到老人身边，大声说：“颜叔，我要回县里了，今后由俊敏负责你的帮扶工作。”原来，熊景春因工作原因，辞去了扶贫驻村的工作，改由进贤县供电分公司营销部党支部书记、副主任李俊敏担任驻兰溪村第一书记。那陌生男子，正是李俊敏。

得知李俊敏是主动请缨下乡干这差事，颜国和有点感动。不过，他看着白白净净的李俊敏，没吱声，心想，也许人家只不过是来镀镀金而已。

李俊敏却是那种自来熟的人，他握着老人的手，竟把颜国和的经历说了个大概：1968 年在福建三明当兵，1971 年退伍，先后在乡粮管所、加工厂、水泥厂、排涝站务工，读过高中，经历丰富。

老人的眼里异彩闪现。几乎一瞬间，他便暗中认定，这是个靠谱的人。

颜国和的肺尘病十分严重，每月光是医药费开支就需要七八百元，尤其是天气一旦变冷，肺气喘尤其厉害。老人虽然勤勉，但终究入不敷出，因病致贫。李俊敏到兰溪驻村后，有空便会过来串串门，将房前屋后打扫干净，用吊桶打好井水，将大缸装满，然后陪老人唠唠嗑，揉肩搓背，俨然亲热的爷儿俩。原本冷锅冷灶的房子里，渐渐有了生气。一来二去，两人的心越贴越近。颜国和很珍惜这种缘分，有时候，会呆呆地想，日子要是能一直这样维持下去，该多么好。

一天，李俊敏登门探望，发现颜国和唉声叹气，一副心事重重的样子，忙了解缘由。老人吞吞吐吐，欲言又止。李俊敏假装生气道：“颜伯，我不是早就跟您说了，无论自己，还是亲友，如果遇到了困难，一定要说出来，办法总比困难多。”颜国和这才道出了秘密，他的一位多年好友过得拮据，儿子儿媳在外地务工，在县城读书的孙子无钱交学费。颜国和同情对方，却无能为力，干着急。李俊敏弄清原委后，拍拍老人的肩，爽快地道：“再苦不能苦孩子，您放心，这事交给我好了，我会想办法。”第二天，李俊敏便回了进贤县城，到学校替孩子交了学费。

2017 年年底，随着年关渐近，村里节日的氛围愈来愈浓，颜国和倍感孤独寂寞。掐指算来，有几天没见到李俊敏的身影，老人猜想年终事杂，对方抽不开身。不过，颜国和还是不习惯，总感觉少了那熟悉的朗朗笑声，心里头空落落的。

转眼，已经是除夕，下午三时的光景，屋外响起脚步声，一个熟悉的声音飘过来："颜伯，我看您来了。"话音未落，一手提着大米、一手提着食用油的李俊敏大步跨了进来。颜国和一骨碌从椅子上跳起，久违的笑容回归了脸上，他一个劲叫道："好！好！好！"这一回，李俊敏还带来了一床新棉被。

像往常一样，李俊敏手脚麻利地打扫起卫生。他告诉颜国和，年底工作千头万绪，顾不过来，尤其是这几天，忙着给兰溪全村三十二户贫困户送慰问品，所以不知不觉间冷落了老人。颜国和乐呵呵地看着李俊敏，哪里还有责怪的心思。

↑ 颜国和屋旁的老树

老树上，传来阵阵雀叫。李俊敏拿起吊桶，准备去打井水。这时，手机铃声响了，是李俊敏的妻子提醒他不要忘了航班的时间，儿子盼着他去天津团圆。之前，颜国和听李俊敏说过，他曾有过一次失败的婚姻，现在的妻子是天津那边的人，两人从谈恋爱到结婚生子，一直是聚少离多。老人立即催促李俊敏抓紧动身，千万不要误机。李俊敏一边答应，一边还是坚持把水缸盛满了才出发。

2018 年春天，李俊敏张罗着给贫困户种植油茶树。颜国和觉得这是长久之计，便踊跃报名，奈何孤身一人，形影相吊，心有余而力不足。李俊敏二话不说，扛起锄头翻地，将老人的一亩七分地全部种植上了油茶树苗。

天有不测风云。没过几天，颜国和的哮喘病发作了，斜坐在椅子上，行动困难，他感觉到自己可能挺不过去，情急之下，拨通了李俊敏的手机。十几分钟后，李俊敏冲进厅堂，蹲下身，让老人趴在自己背上，匆匆送上汽车，赶往进贤县医院。待颜国和渡过难关后，李俊敏满脸歉意地道："颜伯，真是不好意思，我已经把您的病历资料递交上去了，这事办得有点晚，但只要政策许可，我一定会争取尽量给您减免一点医药费。"凝视着那张汗涔涔的脸，颜国和的心像糖一样融化了。

谁也不会想到，一切会在 2018 年 5 月 21 日的晚上发生过山车一般的转折。那天，夜如年，李俊敏倒在了工作岗位上。

于 2019 年彻底告别贫困的颜国和，其内心深处一直暗藏着一个没有愈合的伤口，他挡不住地想念李俊敏。有意无意，老人喜欢站在那棵老树下，翘首以盼。

冥冥之间，他坚信自己又听到了那个熟悉的声音在叫——

"颜伯！"

随后，那张堆满风霜的脸上，老泪纵横。

二

进贤县始建于西晋太康元年（公元 280 年），因"先贤澹台灭明南游时，止于斯，而遂以进贤名其地"。全县南部为低丘山峦，北部濒临湖泊，地势东南高、西北低。历史上，进贤县群星璀璨，走出了晏殊、晏几道、董源等名士俊杰。位于进贤县北部的七里乡，南接青岚湖，北依军山湖，境内沃野千顷，山清水秀，十六个村犹如初雕的璞玉，散落在山岭、乡野之中。兰溪村是其中之一。

不知缘何，李俊敏对“兰溪”有一种天然的亲近感。也许是因为唐代诗人戴叔伦的那首《兰溪棹歌》：“凉月如眉挂柳湾，越中山色镜中看。兰溪三日桃花雨，半夜鲤鱼来上滩。”尽管此兰溪非彼兰溪，但有趣的是，戴叔伦曾经担任抚州刺史，并隐居于进贤县的栖贤山，留下千古美谈。

2017 年 8 月 17 日，李俊敏走马上任驻七里乡兰溪村第一书记，成为扶贫战线上的一名先锋。

很多人看李俊敏衣着打扮朴实无华，往村民堆里一站，不显山不露水，其实，他在城里生、城里长，并无农村经历。主动请战奔赴乡村，李俊敏当然也有后顾之忧，以前牵挂远在津门的妻儿，现在又要牵挂年迈的双亲，心间塞满愧疚感。临行前，李俊敏给父母做了顿饭，说：“爸，妈，我去兰溪村扶贫，要常驻村里，很难回家，你们要好好照顾自己。”二老很是感慨，博士研究生毕业的大儿子在国外工作，女儿在南昌的部队里，现在，小儿子也加入了扶贫队伍，转眼，又是老夫老妻大眼瞪小眼过日子。好在两位老人通情达理，父亲更是豁达，手一挥：“崽啊，放心去吧，要干就干出点名堂，别丢脸！”

于是，脱下皮鞋，换上套鞋，李俊敏一头扎进兰溪的山山水水。

兰溪村村委会主任黄学忠留意到，李俊敏吃住在村，办公室、卧室一体，短短一周时间里，便走遍了兰溪村所辖的喇叭塘、颜家、赵家村、陈坊、付家、查家、枫树塘、罗家、姜家等十个自然村三十二户贫困户，摸清了他们的家底、致贫原因、脱贫愿望。他由衷叹服这位新书记，向其他村干部说：“李书记到任时间不长，但他干的工作太多太多。”

一圈转下来，李俊敏的眉头越皱越深，兰溪的用电状况堪忧，电网配变容量不足，线路时常“卡脖子”，满足不了村民的需求，别说办企业、作坊，便是用电饭煲烧饭也夹生，而乱搭现象更是司空见惯。

乡村要振兴，电力要先行。必须改变兰溪的电网现状，否则，遑论发展二字。

李俊敏赶回进贤县城，将调研报告摆在了供电公司领导们的案头上。大伙调侃道：“我们的李书记这是回娘家搬救兵了。”

说笑归说笑。公司高度重视李俊敏的建议方案，很快形成共识，决定投入两百多万元，对兰溪村实施中低压配电网建设改造工程。兵贵神速，事关扶贫大业，刻不容缓。兰溪的电网状况很快得到质的提升，新建、改造低压线路十四点二公里，配电总容量由三百二十千伏安提升到一千零九十千伏安，户均容量由零点八一千伏安提升到两点七五千伏安。

“只有产业才能实现真正的脱贫。”李俊敏在扶贫工作记事本上写道。三十二户贫困家庭，绝大多数属于病残，有一定劳动力，但体力、技能有限。李俊敏发现，村里不少土地处于荒废状态，他琢磨，可否利用土地资源做文章呢？为此，李俊敏悄悄去了县扶贫办、省农科院求助，了解多个扶贫项目后，比较来比较去，还是觉得种植油茶树可行。

油茶别名茶子树、茶油树、白花茶，属茶科，常绿小乔木，其种子可榨油供食用。茶油色清味香，营养丰富，茶饼可作农药和肥料，果皮是提制栲胶的原料。油茶树主要生长于浙江、江西、河南、湖南、广西五省区，生长快，寿命长，优质高产，是中国特有的经济树种。

进贤自古以来便有种植油茶树的传统，实施这一产业，容易被群众接受。

李俊敏没有草率行事，而是就此事召开“诸葛会”，向村委会一班人为贫困户问计。大伙几乎一致认为，利用荒地种植油茶树，可以发挥贫困户擅长农作的长处，也可以让大家获得稳定的收益，这事，切实可行。

万事俱备，只欠东风。这东风，自然是资金。

“娘家人”再次敞开温暖的怀抱。供电公司的领导一碰头，决定开展一次义捐，干部职工齐上阵，以自愿捐款方式筹集资金。众人拾柴火焰高，采购一万多株油茶树苗的款项难题迎刃而解，江西省农科院的种植专家也满口答应提供技术援助。

2018 年 3 月 18 日，兰溪村的贫困户们像过大年一般，家家洋溢着喜庆的氛围。一向内敛的李俊敏笑逐颜开，乐呵呵地将油茶树苗免费一一分发到村民的手中，并不时打趣几句。颜家村的贫困户颜国和、查家组的郭印树也挤在人群中，李俊敏朝他们挥挥手说：“别着急，回头我帮你们种植。”

↑ 领到茶树苗的贫困户喜笑颜开

↑ 李俊敏（左）在兰溪村村委会为贫困户发放油茶树苗

蒙蒙细雨中，供电公司的一百多位员工会同贫困群众，分片包干，开展种植油茶树会战。省农科院的专家则走东家、串西家，进行现场授课，讲解种植和培育知识。处处欢声笑语，处处生机勃勃，处处是期冀与憧憬。当天，五千五百棵油茶树在兰溪村安家落户。

“吾庐傍林壑，嘉木耸千章。”一棵油茶树，就是一个火热的梦想。姜家组的贫困户姜秋龙将领来的三百棵油茶树苗栽满两亩五分地，几乎每天都要去地里转转，浇水、施肥、拔草，好像不侍弄侍弄就觉得手痒痒。有时候，看着风吹树苗腾绿浪的情景，他似乎看见一群孩子正在茁壮成长，顷刻间，比喝了半斤老酒还兴奋。

整个兰溪，都怀揣着美好的梦想，积极地迎接着日出日落。

三

兰溪村村委会办公楼坐落于乡道边，屋后，几棵梧桐树、枫树撑着华冠，招惹着鸟雀。李俊敏每天清晨被鸟鸣准时闹醒。

从二楼的窗口看去，一畦畦地间的庄稼长势喜人，附近的树林随风涌荡起绿色波涛。李俊敏特别喜欢油菜花开的时候，那一望无垠的金黄，像温暖的阳光洋洋洒洒铺开，融融春光似乎要把眼睛都给淹没了。

抽完一支烟，他喜欢把当天要做的工作在脑海里再次梳理一下，这才走进隔壁的会议室，准备召开碰头会，把工作项目分解下去，责任到人。

这样的日子，简单，纯粹，充实，周而复始。

第一次走进兰溪村村委会那栋两层办公楼时，李俊敏一愣，但见简陋的办公桌椅像老得掉了牙，四壁空空，没有空调设备，没有电脑和打印机，没有宽带与 WiFi，对外联络，只能打电话。原因很简单，家底薄，捉襟见肘。没有条件，那么，自力更生。在人们不经意间，李俊敏默默地更新了办公桌椅，搬来了电脑设备，在院子里设置了宣传栏。进入隆冬后，加夜班的村干部扛不住寒冷，不住搓手跺脚。见状，李俊敏悄悄地从家里抱来一台取暖器，放在大家的面前。务实的李俊敏，像春雨润物细无声，渐渐赢得了干部群众的心。

干部优秀与否，老百姓的口碑是重要的衡量标准。

查家组的郭印树是个老病号，三十多年的肝病，苦苦折磨着这个六十多岁的老人。两个儿子在杭州做裁缝挣的钱，基本给父亲吃药花销了，以至于没有哪位姑娘愿意上门当媳妇。列为建档立卡贫困户后，老人的基本生活总算有了保障。就在这节骨眼上，老伴胡桂秀也患了脑梗、心脏病，原本就揭不开锅的家更是雪上加霜。

愁云，笼罩着这个悲惨的家。

李俊敏比谁都急，他决不允许自己眼睁睁地看着一个家庭就此毁灭。经过努力，李俊敏终于帮老两口办妥了特殊门诊，使他们享受到了医疗费用报销百分之九十以上的福利。

李俊敏成了郭家的“亲人”。

郭印树住院了，李俊敏必到，送上水果、营养品和慰问金。

胡桂秀盯着五亩地愁白了头，这时，李俊敏不声不响扛着锄头过来，种植油茶树，种植庄稼，一招一式，俨然地道的乡村汉子。胡桂秀抬袖擦着湿润的眼睛，笑了。

“李书记成了郭家的长工了”，有人感慨。人们纷纷朝郭印树、胡桂秀竖起了大拇指，艳羡不已。郭印树逢人便说：“多亏了李书记，要不我这条命早就没了。”

油茶树一年长得比一年高，挂果之日渐渐近了。套种的药草半夏愉悦地吐绿，每亩地的收益可达五六千元。这些年，闲暇之余，胡桂秀喜欢打开房子的后门，看看那些油茶树、那些半夏，她的脑海里，跳出李俊敏干活的样子，那么亲切，那么有板有眼。可是，她和老伴心心相念的李书记，再也不会来了。

付家组的付国运家，也是李俊敏常去的地方。

一棵苦楝树摇曳在水井边。前面，是付国运的老屋，如今住着其八旬的老母亲；后面，坐落着一幢三层民居，是付国运在南昌务工多年的大儿子成家后从村民手中接盘过来的毛坯房，简单装修后，交给他看护。

↓ 胡桂秀站在新建起的房子前

付国运同样是个“药罐子”，患慢性肾病综合征十余年，花光了家里的积蓄。小儿子付勇读完初中后，便离开校园四处打零工，由于文化不高，没有专长和专业技能，加上性格内向，一直混得差强人意。生活像副浸在水里的担子，愈来愈沉重。

那天，无意谈到小儿子付勇的现状，李俊敏读懂了付国运热切的目光。他马上通过战友的门路，向浙江省台州市的一位企业家推荐付勇去从事汽车配件加工工作。行前，李俊敏自掏腰包给付勇买了生活用品，亲自送他到了目的地。分别时，李俊敏拍着对方的肩膀，叮嘱道：“小伙子，好好干，别让家里人失望。”付勇激动地说：“李书记，等我结婚的时候，您一定要来喝杯喜酒！”天道酬勤，如今，付勇的月收入超过了五千元。

重病致贫，是乡村说不出的疼痛。喇叭塘的颜国花卧于病榻，无法行走，言语困难。一家人挤在低矮破旧的房屋里，艰难度日。当李俊敏第一次走进这个特殊的贫困家庭时，感到无比的自责和愧疚。在交谈中，他发现颜国花对危房改造的补助政策不太了解，甚至出现认识偏差，致使其仍对这项工作抱着怀疑乃至抵触的情绪。

李俊敏知道，此时此刻，一切解释都是那样的苍白。他掏出手机，当场拍摄了多张危房的图片，并要过颜国花的相关证件，当天就帮忙填写好资料，向主管部门递交了材料。在李俊敏的努力下，相关部门特事特办，以最快的速度落实好了危房改造资金。

走村串户，听听村民的心窝子话，成为李俊敏的日常。没用多久时间，兰溪三千多人都熟悉了他那辆银灰色的汽车。谁也无法算清，从兰溪村到七里乡街道之间，李俊敏送过多少卖菜的村民，捎带过多少办事的乡亲，在那辆小汽车里，又留下了多少欢快的方言俚语。

“衙斋卧听萧萧竹，疑是民间疾苦声。些小吾曹州县吏，一枝一叶总关情。”李俊敏喜欢郑板桥的这首诗，他愿意用一点一滴的真情，浇灌出兰溪明媚的未来。

四

牵挂是人间最美的词语之一。万籁俱寂时，最是相思苦。

没有网络信号，不能微信视频，思念远在天津的妻儿了，李俊敏只能打个长途电话，更多的时候，只是呆呆地看着他们的照片，回忆那些美好的片段。

李俊敏的心，也无时无刻不在牵挂着年迈的父母。老人在进贤县开发区投资的制冰厂由于无人打理，濒临关闭困境。老两口怕儿子分心，干脆拿了行囊，去了南昌的女儿家。

既然挑了扶贫攻坚的担子，就要执着挑到目的地。没有谁会想到，李俊敏将生命中的最后两百多天，留在了兰溪大地。

2018 年 3 月 25 日，李俊敏与前妻生的儿子李昱过生日，约好晚上小聚一下。可是，约定的时间早已过去，孩子左等右等，迟迟不见父亲的身影，他终于忍不住拨通了李俊敏的手机。

电话那头，正在医院里陪护郭印树的李俊敏满脸惭愧：“对不住啊，儿子，村里有个老人生病，临时住院了，我走不开，你就理解一下哈……”

李昱没吭声，委屈的泪水在眼眶里打转。

李俊敏急了：“儿子，我答应你了，等脱贫攻坚胜利了，一定陪你去看看祖国的山山水水。”

半晌，李昱说：“老爸，我没事，只是我好久没有见到你，再不回来，你该不会忘记我长什么样子了吧？你放心，我会等着你。”

没有人能够预料，这个父子的约定，最终永远无法兑现。

人到中年，竟然变得牵肠挂肚，李俊敏对此觉得很诧异。驻村的这段日子，他从来没有如此强烈地思念部队里的生活。那时，他担任卫生员，刚学扎针时，为防止扎错，便以自己为“靶子”进行练习，两只手变得像蜂窝。勤能补拙是良训。连续两年，李俊敏被评为“优秀义务兵”，并在参军第三年光荣地加入了中国共产党。

更多的牵挂，缘于兰溪村的贫困家庭。从面对公司领导立下“军令状”的那一刻起，骨子里，李俊敏就把兰溪村当作自己的第二个家，这儿的五百二十四户村民，都是他的亲人。他有很多的“蓝图”等待实现：比如，整村种植油茶树；又比如，推行“劳动力 + 土地深度结合”；还有，让“销售 + 政府推介”发挥最大效应。关于兰溪村的特色产业发展规划，是他准备向父老乡亲交出的新答卷。

很多兰溪人不会忘记，村委会办公楼二楼的那个窗口，灯光总是亮到深夜。看着李俊敏熬夜，眼袋下垂，两个黑眼圈明显，黄学忠心疼不已，劝说道：“俊敏，工作急不来，悠着点，不要累坏了身体。”李俊敏的心里热乎乎的，嘴上答应着，可转身便抛在了脑后，依然是那个“拼命三郎”的样子。

一些老战友得知李俊敏驻点兰溪村的消息后，格外关注其朋友圈，隔三岔五地点赞，或者打听扶贫工作的进展情况。自然，他们也看到了李俊敏带着贫困户们种植油茶树苗的图片，了解到了贫困家庭的真实情况。有人感慨：“扶贫干部不容易，扶贫工作有意义。”

李俊敏跟战友赵建国提到了五保户颜国和，提到了老病号郭印树，提到了付国运的儿子。他说，真奇妙，有时候，连梦里都希望他们的日子好起来。

赵建国沉吟了片刻，道：“日有所思夜有所梦，也许，这就是牵挂。”

那天，赵建国给李俊敏发了一条信息：新时代，扶贫战线上，你依然是最可爱的人。

五

尽管时间过去了好几年，对于2018年5月21日晚上发生的一切，七里乡扶贫站副站长叶俊军依旧历历在目。

那天是小满，农历四月初七，阴天。全乡扶贫工作会议在二楼会议室召开。19时50分，趁着会议间隙，李俊敏到一楼扶贫站办公室查找资料，准备充实汇报材料。他一边对着电脑翻看，一边跟叶俊军核对数据，忽然，李俊敏的声音低了下去，痛苦地道：“我好难过……”之后，忽地趴在了办公桌上，一动不动。叶俊军惊得跳了起来，颤抖着手拨通120：“快，快，七里乡！”

几分钟后，乡卫生院的工作人员赶到了。

十几分钟后，大院里响起120救护车的警报声。

是夜，进贤县人民医院急救室外的走廊上，密密麻麻站满了闻讯赶来的县、乡、村里的干部群众。然而，纵使院方全力以赴救治，终因李俊敏的脑干出血，回天无力，20时45分，这位兰溪村第一书记的心脏停止了跳动。这一天，离李俊敏四十三岁的生日还差三十六日。

老病号付国运拖着病体赶来了。他一遍遍地说：“李书记，你咋说话不算数呢，不是说好了吗，你会参加我儿子的婚礼呀！”念着念着，老人再也控制不住，任性地号啕大哭。

郭印树跌跌撞撞地赶来了，他不肯相信自己的救命恩人会如此狠心丢下兰溪的父老乡亲。他捶着自己的胸脯，泣不成声：“兄弟，你……你嫂子交代我给你递个话，我们舍不得你啊！”

兰溪村党支部书记洪丽珍说：“俊敏书记，告诉你一个好消息，电线杆运到村口了，一个村组一个变压器的规划就要变成现实了。”

天若有情天亦老。

乡道上，再也不见那辆银灰色的汽车。

只有油茶树，扎根于兰溪的泥土里，一年年绿着。

胡桂秀说，开门看见屋后的油茶树，就好像看见了李书记栽树、施肥、浇水的样子，那句“嫂子”还在耳边。

听到狗叫声，颜国和依然会情不自禁地走出家门，站到那棵老树下，手搭凉棚，朝那条小路的尽头处张望。

“李俊敏书记没有离开，我们一定会让他生前的规划变成现实。”国网电力江西省有限公司进贤县供电分公司驻兰溪村第一书记的继任者邹绍敏向全体村民庄重承诺。

春风再次吹醒兰溪的一草一木。天地间，仿佛有谁在吟：“人愁春去少花枝，我爱园林春晚时。嘉木阴阴吐新叶，好风微度绿参差。”

08

那山 那村 那人

砍柴莫砍杉树芯，捡柴唔怕苦和勤。

杉树根下一口井，食口井水甜到心。

——会昌山歌

一

骑着摩托行驶于�门岭与周田两个乡镇之间，曾是文树人热爱这片红土地的一种表达方式。长风吹着天穹这件巨大的斗篷迅疾后移，他感觉自己正拽着道路这根丝线，串联起一座座山岭、一个个村庄、一棵棵树木。这种感觉，让他胸襟大开。

筠门岭是文树人的家乡，那儿，有他的八旬白发亲娘；周田是文树人的工作地，这里的桥塘村，生息着他的一群特殊亲戚——八户结对帮扶贫困户。“走亲戚去啰——”每次准备进村家访时，文树人喜欢喊那么一嗓子。

从周田镇出发，前往桥塘村，文树人依然喜欢骑着摩托车，“突突突”，轻捷，灵敏，别看五十好几的人了，那个英姿勃发的样子，丝毫不逊于年轻人。从2014年开始，四年多的时光里，几乎整个桥塘村都熟悉了这辆摩托车和它的主人。即便买了私家车后，文树人仍旧坚持骑着心爱的摩托车走村串户，风雨无阻。桥西，光下，曾屋，一个个村小组，被摩托车串成一条优美的曲线。

这是2018年的初秋。桥塘村满山的树木充满静美。道路边的白杨仿佛成熟的青年，从容地书写着一行行礼赞山乡的诗句。稻田翻腾着金黄色的细浪，芬芳袭来，扑得满脸都是。

第一站，文树人直奔桥西组的贫困户张春妹的家。老伴饶朝生患直肠癌去世后，因儿女都在外打工，七十多岁的张春妹独自守望着山坡上的一座小院。从乡道分岔，一弯小径呈“U”字形往斜坡上攀爬，路宽一米余，极其陡峭，汽车无法抵达。尽头处，几棵酸枣树高高挺立着身子，拇指大的果实在茂密的绿叶间探头探脑。几只燕子从屋檐下盘旋到酸枣树上，又从酸枣树上盘旋到屋檐下，像是在表演。听到摩托车的“突突”声，那条黄狗便会箭一般射出院子，不一会儿，文树人大步流星地走进来，黄狗追随一侧，不时亲热地蹭着他的裤脚。一头银发的张春妹闻声出屋，站在门口豁着嘴直笑。

文树人从随身携带的帆布包里掏出两袋宁夏枸杞子：“婶子，您岁数大，天气马上变冷，可以用枸杞子搭配红枣泡水喝。”

张春妹连忙推了回去：“树人，咋好意思呀，每次来家里，你不是买这，就是送那，我这张老脸都臊啊。你还是带到筠门岭给你‘哦尾’（会昌县周田口音，意为妈妈）吃。”

“礼拜天我去看了‘哦尾’，已经给了。”文树人将枸杞子放在客厅的茶几上，然后又拎出几个袋子，有蔬菜，也有猪肉，他笑呵呵地道：“婶子，好久没有在你家‘打秋风’了，我嘴里馋得慌，今天中午准备在这里蹭饭了。”

张春妹张着豁嘴，喜滋滋地说：“太好了，太好了，终于有伴吃饭了。”

趁着张春妹在厨房忙碌之时，文树人操起扫把清理院子。居高临下看去，山岭绵延，山谷间的稻田如同铺着暖色地毯。

这时，电话铃声响了，手机里传来妻子何建娣的声音：“老文，别忘了按时吃降糖药。”

↑ 文树人（中）在贫困户家中与其一起吃午饭

文树人露出无奈的样子："看样子，我这'妻管严'没法治了。放心吧，老婆大人，二甲双胍、格列齐特片，都带在身上，一样没有少。"

"看你，老是嬉皮笑脸，你的糖尿病已经十多年了，晕倒三次，哪次不叫我提心吊胆？"何建娣嗔怒道，"你今年已经五十六岁，脑震荡后遗症一直没好利索，是不是跟领导说说，减轻一点扶贫任务？"

文树人急了，连忙压低声音，讨饶道："别别别，再支持一下，脱贫攻坚到了关键时期，千万别让我当逃兵。"

手机里传来妻子一声长长的叹息。

吃午饭时，文树人忽然想起了什么，对张春妹说："婶子，院子里靠角落那块地，可以种植葡萄，明年春天我来帮你弄。"

张春妹咧着嘴直笑，眼睛眯成一条细线。

光下组的村口，贫困户曾培熙接到了文树人午餐后要来走访的电话，他早早地等候在屋后的那座短山冈上。松涛低低地吟哦，篱笆墙头，爬满野花，浅浅的芳香沁人心脾。曾培熙早年曾在原南京军区当兵，五年多的军旅生涯，造就了其乐观豁达的人生态度。他很早就认识了文树人这位周田镇的"老民政人"，巧的是，这几年，文树人成了曾培熙家的结对帮扶干部。

远远地，山坡下传来"突突"的声音，是那样的熟悉。曾培熙精神一振，往前走了几步，一阵风刮来，文树人爽朗的笑声跟着摩托车到了眼前。

"老哥哥，听说你这保洁员做得很称职呀。"文树人的脸上透着欣慰。

在文树人的努力下，曾培熙负责光下组的保洁工作，每天用心清理垃圾，并用板车送到垃圾集中点，每月可以拿到八百元的报酬。活不起眼，但曾培熙干得挺欢，看着村庄干干净净的样子，他觉得快乐，如饮甘醴。

两人说说笑笑地下了山坡。文树人先去看了曾培熙的养殖点。利用山区林地优势放养土鸡土鸭，是文树人出的点子。当初，曾培熙面有难色，担忧销路。文树人给他分析了形势：周田有五万多人，是会昌县的人口大镇，外出务工人员占有相当大的比例，对土特产的需求量不小，逢年过节更是黄金时期，只要保证质量，不愁卖不出去。他还承诺：一定全力以赴干好促销的活。心动不如行动，曾培熙撸起袖子干了，一口气养了两百多只土鸡土鸭，起早贪黑，乐在其中。文树人也没闲着，给他收集材料，申请产业奖补。事情果然如文树人所料，曾培熙的鸡鸭卖得很俏，土鸡单价达到每斤六十元，土鸭单价也卖到了十二元，很快销售一空。

看着活蹦乱跳的鸡鸭，文树人真心实意替曾培熙感到高兴。当听说老大哥有心扩大养殖规模时，他习惯性地掏出本子记录下来。文树人担心自己记性不好，误了老百姓的事，随身总不忘揣个笔记本。

→文树人的扶贫笔记

秋阳温煦，静静洒在松树上，滑落于文树人的额头。曾培熙看见了对方那斑白的两鬓，感觉文树人比实际年龄要苍老许多。他情不自禁想起2018年春节期间的一幕。

那天，文树人冒着严寒，骑着摩托车前来拜年。曾培熙在汕头打工的儿子儿媳正好在家，文树人便跟两口子唠了许久嗑，末了，叮咛道：“有父母在家帮你们带着一儿一女，你们尽管安心在外务工，但有一点不能忘记，一定要讲孝道，百善孝为先啊。”

看着认真记录的文树人，曾培熙感觉到，自己的那盏心灯正被点亮。

二

桥塘村一共有十五个村民小组，三千多人，村民以曾姓、饶姓两大姓氏居多。山多地少，每个村庄前的水田面积不大，沿着狭长的山谷布局，颇有“螺蛳壳里做道场”的味道。

去黎老组的路上，文树人心情沉重。这个村的贫困户饶春生年纪轻轻就得了尿毒症、糖尿病，情况越来越糟糕，屋漏偏遭连夜雨，其父亲饶泽亮也不幸中风，右侧手脚僵硬，行动不便，连洗衣做饭都成问题。

摩托车发出单调的“突突”声。偶尔，风吹着鸟鸣飘落田野。

拐弯，再拐弯。爬坡，再爬坡。终于抵达黎老组的村后，这是一个地势较高的平坡，左侧是谷壑，右侧低处，是一栋栋房子。更远的四周，是山岭，外乡人眼中的风景，对于桥塘村人而言，是沉重的石头，压得心口生疼。文树人的心口也疼，每次看到贫困户或病、或残、或因智力障碍而家徒四壁的情形，他恨不得拥有移山填海的本领，帮助他们走出泥泞，走进幸福之门。

饶春生的家门口，簇拥着碧绿的芭蕉、枇杷、修竹和密集的葡萄藤叶，几只鸡悠闲地歇于树荫下，虫鸣高一声低一声，几丘农田里，水稻长势不错。

摩托车的声音，惊醒了正在厅堂里打瞌睡的饶泽亮，他那双浑浊的眼睛里闪过一丝喜悦。

文树人卸下米和油，说："老哥，快过端午节了，过来看看你。等几天，我陪你去医院看看春生去。"这段日子，饶春生又住院了，饶泽亮的妻子跟着去了县城照顾儿子。

饶泽亮感激地道："我和春生还没有好好当面谢谢你，我孙子那天回来说了，你又去学校给他送文具去了。"

文树人哈哈一笑，说："小事情，别放心上。对了，你的养殖近期还好吧？"

自打腿脚不利索后，饶泽亮听了文树人的建议，养了几十只鸡鸭，还在家门附近承包了鱼塘。老人平常不爱说话，瘸着腿，埋头干活，好像那些鱼呀鸡鸭啊就是他的子女。唯有文树人来了，老人便收不住话匣子，大事小事芝麻事，点点滴滴要倒个干净。今天自然不例外，饶泽亮操心小儿子饶春生的病情，操心孙子的读书费用问题。饶泽亮的口齿不太清，听起来有些费力，但文树人耐心地从头听到尾。

"老哥，你尽管放心，春生的医疗费报销问题，我会落实好。至于孩子读书的事，你更不必有担忧，我们不会让他辍学。"

看看时间已近中午，文树人一头钻进厨房，手脚麻利地为饶泽亮做午饭。

呆呆地盯着那个忙碌的身影，饶泽亮的两眼潮湿了。

一个个热气腾腾的菜肴端上了桌。文树人说："老哥，明天我不一定能过来，你得将就一天。记着，素菜千万不能隔夜吃。”说罢，他从包里掏出一个本子，急速地记录什么。饶泽亮知道，那上面写着桥塘村贫困户们大大小小的事，文树人曾经跟他聊过，老百姓的一点一滴，得挂记在心坎上。有时候，饶泽亮会想，那些密密麻麻的文字，或许就是树人的心跳。

摩托车“突突”地驶出了黎老组。饶泽亮端着饭碗，嘴里暖乎乎的，心里头更是暖乎乎的，

八十多岁的贫困户曾凡秀患有肺气肿、支气管炎等多种疾病，他与妻子相依为命，生活极其困难。每天一到吃药的时间，他的手机便会传出悦耳的铃声。

“喂，是树人吗？”曾凡秀一边接打电话，一边从抽屉里拿出药品，摆在桌上。文树人放慢语速，耐心地提示老人吃药的品名、数量。日子一久，曾凡秀像得了“依赖症”，文树人的电话不来，老人便不肯吃药。

申请低保、救助金，落实医保问题，这一件件事情得到了妥善安排，这一件件事无不是文树人跑来的结果。最让老人乐得合不拢嘴的是，文树人争取到了一笔资金，将原本破旧的土坯房翻修，里里外外焕然一新。每隔一天，文树人就要去看望曾凡秀老两口，帮他们劈柴、挑水、做饭。真情如春雨，润物细无声。不知不觉间，老两口将文树人当作了自己的贴心亲人，一日不见，心头便空落落的。

三

2017 年 5 月，会昌县金融工作局驻桥塘村第一书记兼扶贫工作队队长肖晓林走马上任。在位于上屋组的老村委办公点，他与周田镇民政所

负责桥塘村扶贫工作的文树人见了第一面。那天，文树人穿件七成新的蓝色T恤衫，脚蹬一双旧运动鞋，两鬓犹如染了一层霜，一说话，带着很浓的会昌南片乡音。文树人热情地向肖晓林打招呼，平易随和，一副邻家大哥的模样。

慢慢接触多了，肖晓林发现，文树人是位党性极强的老同志，对交办的任务不打折扣，办事沉稳扎实，工作从不过夜。有一次，肖晓林开玩笑说："老文同志，我确信你是文天祥的后裔，你那位老祖宗可是为南宋江山夙夜在公呢。"文树人呵呵一笑说："文天祥的确是我的偶像。我这个人的特点就是，活没有干完，睡不踏实。"

老黄牛——周田镇镇政府从上到下对文树人几乎是众口一词。

从1990年调到周田镇，二十八年来，文树人再未离开这儿，其中二十五年，他一直待在民政所的岗位上，负责办理五保和高龄补贴，接待、服务群众超过十五万人次，相当于给整个周田镇人均服务近三次，却没有发生过一次投诉事件。

同事曹斌发现，文树人的"抠门"似乎与这个时代极不合拍。桌上的那个搪瓷茶缸用了多年，甚至补了一块，他坚持没有丢弃；穿着打了补丁的衣服上班，他安之若素，浑然无一丝不自在；宿舍里的旧枕头好不容易被前来"探亲"的妻子何建娣清理出门，谁知一转身，文树人又悄悄地捡回来了。

"抠门"的文树人对待贫困户却出奇的大方，捐钱、捐物，成为家常便饭。他不止一次跟儿子文学成说，会昌是革命老区，老百姓付出的牺牲太大了，山区的群众太不容易，咱们得出把力，让他们过上好日子。

"儿子啊，怎么样，回老家吧。"文树人背着妻子，悄悄动员大学毕业后奔赴沿海城市工作的文学成。

感动于父亲对故乡的真情，文学成最终背着行囊回到故乡会昌县，成为一名大学生村官。

在相当长的时日里，周田镇民政所里没有复印设备，文树人便以手工抄写结婚登记原始台账，字迹清秀，内容清晰，条条目目工整美观，处处透着一丝不苟，一本本结婚登记簿见证着数千家庭的诞生。

曹斌至今还记得，文树人总是第一个走进办公室，拖地、擦桌椅、烧好开水，等大伙陆陆续续到达时，他早已埋头案前。与文树人共事十余年，几乎天天如此。曹斌知道他有过昏迷史，糖尿病又严重，便提醒他不要太劳碌，悠着点。文树人感激地看了他一眼："我老了，跟不上时代，电脑方面又是'三脚猫'，只能笨鸟先飞。"

"群众事情无小事，落实永远是第一位的。既然选择加入了中国共产党，就要以党员的标准要求自己，勇于肩负起党赋予的神圣职责，把群众的事当家事。"文树人在记事本上这样写道，多年来，他也一直是这样做的。

岁月如歌。扑在扶贫工作的一千多个日夜里，文树人怀揣真情，在弯弯曲曲的山道上奔走十多万公里。老骥伏枥，志在桥塘。他深深地融入了这个山村的泥土草木，喝东家的水，解西家的忧，这些亲戚，越走越亲，越走越无法割离。那辆摩托车的声音，成为桥塘人不落的旋律。

"近期待办事项：1.饶泽亮行动不便，家中无人照料，为其做饭；2.动员饶清华参加技能培训；3.上户了解张春妹健康状况……"一本本记事簿里，记载着贫困户们的所有困难、所有诉求、所有渴望。文树人的心里，装着一个普通共产党人对山岭、对村庄、对群众的深厚感情，忙着，忙着，却忘记了自己。

爱人者，人恒爱之；敬人者，人恒敬之。时间将带走太多的事物，但桥塘会记得，一位赤子曾经来过。

四

筠门岭镇在会昌县的南部，与周田镇相邻，为赣南四大名镇之一，它扼闽、粤、赣三省咽喉，自古为兵家必争之地，故而原名“军门岭”，至清代顺治年间，因生产筠竹而简称“筠岭”。土地革命战争时期，筠门岭是粤赣省军区总指挥部、中共会昌中心县委、门岭县苏维埃政府驻地。1934年，红二十二师在筠门岭打响了中央苏区第五次反“围剿”南线战役，为中央机关和主力红军进行长征前的准备和集结提供了充分的时间和空间保障。

文树人在筠门岭的山间长大，具有典型的客家人性格，坚忍、豪爽、好客、热心肠。自小，他听着红色故事长大，母亲更是谆谆教诲：做了干部，不能忘了本，拿了这份工资，得对得起老百姓。

每次回故乡，文树人都要给母亲洗洗脚，梳梳头发，好好地陪老人说说话。母亲喜欢沉浸于孩子们的童年时光里，此时，一头鹤发好像将藏着的时光全部释放出来，在阳光里调皮地蹦跳。文树人享受着这种人间的美好。恍恍惚惚间，母亲幻变为张春妹，故园幻变为桥塘村，筠门岭的山山水水幻变为周田模样。文树人知道，自己该动身了，山那边，还有自己牵挂的亲人们。

这个冬天，多日未能回乡的文树人利用双休日去筠门岭看望母亲。他舀好一盆热水，试了试水温，慢慢给母亲洗脚。摸着那双结着厚茧的脚板，文树人一阵阵心酸，母亲垂垂老矣，而自己却不能侍奉跟前，真是不孝啊。母亲突然哼了一曲会昌山歌，口齿含糊：“砍柴莫砍杉树芯，捡柴唔怕苦和勤，杉树根下一口井，食口井水甜到心。”文树人听明白了，母亲这是在告诫自己，人不能脱离社会，不能丢了初心，迟早要回到出发点。

告别时，母亲坚持要送到村口，回头看着那个越来越小的影子，文树人从来没有如此留恋故乡、留恋白发母亲。在拐弯处，他特意停车，遥望着故园方向，山风冷冽，但冷却不了一个游子滚烫的心。

2018 年 12 月 10 日，天寒地冻，小雨夹雪。这天，文树人破天荒请了半天假，带着刚刚满月的孙女到会昌县城接种疫苗。忙完后，文树人背着包，准备返回周田镇。

妻子何建娣看了一眼窗外，说：“树人，天气这么恶劣，要不，明天再去吧。”

文树人摇摇头：“不行啊，我只请了半天假，说话要算话。”

“可是，我担心你的老毛病……”

“没事，没事，近来我坚决贯彻执行老婆大人的指示，随身带药，按时吃药，放一百个心”，文树人拍了拍胸脯，并敬了个礼，“全镇正在搞脱贫攻坚法制宣传，我得去村里转转，那些亲戚在等着呢。”

何建娣无可奈何地叹了口气，忽然想起什么：“等等，我给你买了件棉袄，下乡时穿上，骑摩托车冷。”

文树人一边答应着，一边往外走：“这回算了，下次回家再换吧。”

等何建娣从卧室里取出棉袄时，门已经关上了，文树人很快消失在风雨中。那“砰”的一声，像一种锐物戳疼了何建娣。

这个日子，注定是桥塘村时间史册里黑色的一页。

山风挟着小雨、雪粒噼里啪啦地打击着窗户。远山近树如同撒满盐巴。桥塘村村委会主任曾卫金待在村部，正一笔一画写着年终工作小结，他时而跺跺脚，时而往手心哈哈气。曾卫金早年在北京武警部队服役，退伍后到深圳务工，做过家具质检员。2011 年，父亲辞世后，考虑到母亲一人在家帮忙拉扯小孩不易，他便和妻子双双返回桥塘。这几年，脱贫攻坚的推进、秀美乡村的建设，给全村带来可喜的变化，曾卫金在欢欣的同时，也在思考：该如何结合实际打造产业，实现桥塘村的可持续发展？

门“吱呀”一声被推开了，文树人探进头来。

曾卫金一愣：“老哥，你不是请假了吗？这么冷的天，咋还跑来了？”

文树人拍了拍那件脱色的棕色夹克，笑道：“还不是想那些亲戚了。不去转转，心里头不踏实。”

曾卫金泡了一杯热茶，叫文树人暖暖身子，歇口气，等雨雪停后再出发。文树人仰脖喝了一大口茶水，搓搓手，还是决定抓紧时间去贫困户家里走一圈。楼下，很快传来摩托车的“突突”声，曾卫金下意识地从二楼的窗口俯瞰，但见迷迷蒙蒙的雨雪里，那个熟悉的背影瞬间消失在坡下拐弯处。

五

茶香氤氲。雨雪扑簌簌地袭击着窗户。贫困户饶亮有拨了拨炭火，摸了摸茶杯，水尚温。他终究坐不住了，打开门，想张望一下，寒风卷着冷雨和雪沫冲锋过来，饶亮有打了个寒噤。

“奇怪，树人怎么还没到？”之前，文树人来了电话，准备到家里坐坐，唠唠嗑。饶亮有非常清楚文树人的行走路线，他总是先到张春妹家，再到自己家，然后去曾屋小组。估摸着时间，饶亮有先泡好了茶，等待文树人的到来。然而，那辆摩托车的“突突”声意外地没有响起，那个熟悉的身影迟迟没有出现。

话说文树人离开村部后，冒着雨夹雪直奔桥西组张春妹家。弯弯曲曲的乡道上积了冰雪，摩托车的行进速度受阻。山岭、田野、房屋仿佛涂了一层白粉，俨然登场的戏剧人物。尽管戴了头盔，雨雪依然钻进文树人的脖颈，扑到其脸颊，他大口呼了口气，眼前瞬间腾起一团淡淡的白雾。他左脚轻轻一点地，双手牢牢抓着把手，一踩油门，摩托车“突突”地冲上了张春妹家门前的那个陡坡。

“柴门闻犬吠，风雪夜归人。”文树人的意外出现，令守着火炉发呆的张春妹喜出望外，她赶紧将文树人请进客厅，端来一杯热开水。

文树人一瞧，愣住了：“婶子，我给你带的枸杞子没吃吗？”眼前的杯子里，飘着一粒粒枸杞子，色彩艳红，分外妖娆。

“吃了，吃了。还剩了一些，正好给你驱驱寒。”张春妹没有说实话，她其实一直没有舍得开袋，今天因为文树人来了，心疼他冒着严寒来家访，她才第一次拿出来待客。

文树人惦记着老人前段时间跌跤住院之事，询问她的康复情况。

“好利索了，好利索了。”张春妹脆声道，似乎为了证明什么，她特意在客厅里走了几步。

文树人满意地点点头，脸上漾起着欣慰的笑容。他叮嘱老人：“以后走路小心点，这人一上了年纪，骨头脆，一旦摔跤，很容易出问题。”文树人一边说着，一边掏出记事本，翻看着备忘录，跟张春妹核对上回家访时提出的问题的落实情况。

看看天色不早，文树人起身告辞，准备去饶亮有家。他推着摩托车往外走了几步，忽然又回过头来，说：“婶子，等开春了，我来种植葡萄，我已经跟苗圃的朋友打好招呼了。”

张春妹眉开眼笑地道：“太好了，以后我不出门，在家里就可以吃到葡萄了。”

平常，张春妹喜欢将文树人送到酸枣树下，看着他下了坡拐上乡道后才会转身进院子，这次，由于小雨夹雪，气候恶劣，文树人坚决不让她相送，自己一踩油门，“突突”地朝坡下缓缓而行。

谁都没有想到，悲剧就在这一刹那间发生了。由于坡陡路滑，摩托车突然失控，从斜坡上一头栽向了“U”字形小径下方的乡道，文树人随之坠落，更为不幸的是，摩托车两轮朝上，直接重重压在了他的身上。

这一切，正巧被走访贫困户路过此地的肖晓林远远看到，由于距离稍微有点远，风、雨、雪交加，视线也不太理想，他当时并不知道出车祸的人是文树人，而以为是哪家的汉子喝醉了酒跌跤了。

肖晓林一边跑步过去，一边呐喊：“喂！老表，没事吧？需要帮忙吗？”

没有任何声音。只有呼呼的风、冰冷的雨、幽灵一般的雪。

近前，定睛一看，肖晓林的眼猛地睁大了，继而通红，文树人的头盔已经碎成两半，但那件熟悉的棕色夹克、那双熟悉的白色运动鞋，像森冷的剑，削过肖晓林的灵与肉。他忽然醒悟过来，歇斯底里地喊：“文大哥！文大哥！来人啊，快来人啊！”凄厉的声音刺破雨雪，刺破寂冷的天地。肖晓林疯狂地去搬动那辆摩托车，却于事无补。无奈，他发足狂奔，朝桥西组边跑边大声疾呼。

桥西组的村民纷纷奔跑过来了。曾卫金带着人奔跑过来了。张春妹趔趔趄趄地撞过来了。人们叫着，喊着，脸上分不清是雨水，还是泪水。

摩托车终于被众人移开了。镇卫生院的120救护车拉着急促的警报赶到。人们将昏迷不醒的文树人抬上了车。

这天，天黑得特别早。

六

“好人文树人出车祸了。”这个不幸的消息迅速传遍桥塘村的大大小小的村落，很快，又传遍周田镇。这夜，很多人情不自禁落泪了。

次日一早，住在周田圩上的张起金老人徘徊在镇政府门口，逮着人就问：“文树人受伤严重吗？他什么时候能好？”

残酷的现实粉碎了老人善良的愿望。当天晚上，好干部文树人的生命画上了休止符。

“这么好的人，怎么说走就走了呢？”饶泽亮蹲在枯萎的芭蕉树下，掩面而泣。

张春妹一宿未眠，两手不停地摩挲着枸杞子，自言自语道：“树人，孩子啊，你比我的儿子还亲呀，你得说话算数，明年开春给婶子种植葡萄呢。”

开朗的曾培熙枯坐在客厅，他默默地泡了一壶茶，倒了一杯放在平常文树人坐的位置上，再给自己倒了一杯，端起，轻轻碰了一下文树人位置上的杯子，然后一饮而尽。那个可以畅快聊天的兄弟没了，那个替贫困户奔走疾呼的兄弟没了，那熟悉的“突突”声没了。屋外，风雨如泣如诉，就像曾培熙此刻的心境。

得知噩耗后，曾凡秀如五雷轰顶，傻了。半晌，她擂着胸脯叫道：“树人啊树人，以后还有谁会陪我去看病，还有谁会提醒我吃药啊？！”

少年不识愁滋味，饶泽亮的孙子并不知道文树人去世的事，他还是那样活蹦乱跳地去校园，还是那般天真无邪地在纸上画下美好的景物。

有一次，他忽然好奇地问饶泽亮:“奇怪，文爷爷怎么没来？好多天了。”饶泽亮忙背转身，躲到一角，伸手使劲揩着眼里的泪水。

冬天终于过去，春天蓬勃地来到人间。

走过泥泞的昨天，桥塘村开始了新的跨越。

白杨树招展着繁茂的叶子，松树青翠欲滴，看不尽的绿，重新回到田间地头。只是，那辆摩托车和他的主人，渐渐成为一个深情的传说。

桥塘村的每一寸土地都记得，一位叫文树人的共产党员，他曾经深爱着这儿。

09

山魂

出师未捷身先死，长使英雄泪满襟。

——杜甫《蜀相》

一

修水是名副其实的三省鸡鸣之地。赣、湘、鄂伸出的手臂，将这个四千五百多平方公里的江西大县环抱起来，边地多人杰，诗书双绝的黄庭坚、“一门五杰”的桃里陈氏，都从这里昂然走出。

修水也是一个典型的山区，素有“八山半水一分田，半分道路和庄园”之说。其境内群山逶迤，北卧幕阜山，南横九岭山，重峦叠嶂，郁郁葱葱。“开门见山”成为每一个修水人抹不去的记忆。

自小在山间长大的吴应谱对大山有着深深的眷恋。他是听着修水山歌长大的。记得少年时，第一次听到乡亲唱《晒干露水等郎来》，那女子歌喉好生婉转：“麻风细雨腾山来，雨洒庭园百花开，红日耀耀晒长街，红日耀耀当街晒，晒干露水等郎来。”少男钟情，少女怀春，袅袅余音里，吴应谱懵懵懂懂地想：未来，我的爱情会是什么模样……

吴应谱的故乡在大椿乡大椿村。这儿地处修水县西北山旮旯里，交通闭塞，只有一条狭窄的蛇行乡道进出，人称“布袋乡”。这儿的日子，每天听着鸟鸣醒来。这儿的大港河一年四季流淌着山的青翠、草木的清香和昆虫的小曲，清晨断断续续的棒槌声，黄昏袅袅缥缈的炊烟，组成一种悠远的梦境。这种梦境，像一幅水墨画，悬挂于吴应谱的心灵深处。

在家里，吴应谱上有五个姐姐，自己是老幺，自小受到百般爱宠，然而，他没有丝毫被娇惯的毛病，相反，穷人的孩子早当家，他不仅在学业上名列前茅，还抢着做家务、干农活，为父母分忧。山间的日子宁静，光阴仿佛清澈的大港河，昼夜不息。2014 年，吴应谱走出宜春学院的校门后，回到大椿乡船舱村当了一年乡村教师。2015 年，他不负厚望，以优异的成绩考到了大椿乡党政办公室，成为一名公务员。一年后，由于表现突出，他被遴选到修水县政府办公室。

→ 大椿乡船舱村

此时的吴应谱无论如何也没有想到，2017 年 8 月，一个叫樊贞子的二十二岁姑娘将走进他曾经工作过的大椿乡党政办，并且，与他牵手相恋，成就一曲大山里的绝唱。

时任大椿乡常务副乡长的刘三峰曾经在大椿中学任教，当过吴应谱的老师。他忘记不了跟樊贞子相见的第一面。

那天，蝉鸣如雨，青山如染，大港河如镜。下乡回来的刘三峰走进乡政府食堂，见到党政办的吴乐未等人正在吃午饭，其中有个陌生的女孩显得格外引人注目，她穿身暗花的白色连衣裙，戴副大框眼镜，白净，娴静。吴乐未含笑在女孩的耳际轻轻说了一句什么，女孩霍地站起身，落落大方地道：“刘乡长好，我叫樊贞子，刚刚报到，请多多关照。”

个子真高！刘三峰忍不住赞叹，调侃说：“像我这种海拔，压力山大呀。”顿时，引来笑声一片。

樊贞子在党政办负责收发文和后勤工作，活计繁杂琐碎，但这个阳光般活泼开朗的姑娘一旦进入工作状态，立马换了个人似的，稳重，沉静，心细如发。贞子的嘴甜，对着吴乐未左一个“吴妈妈”右一个“吴妈妈”地叫，吴乐未打心眼里喜欢这个充满活力的女孩，相处了没多久，得知贞子还没有男朋友，她便寻思着一定要给姑娘找个优秀的男孩子。

介绍谁呢？吴乐未心中早已有了定数。吴应谱那张笑眯眯的脸在眼前晃荡着呢。

2017 年 10 月 29 日，通过吴乐未牵线搭桥，樊贞子与吴应谱要见面了。修水县城的秋天斑斓绚丽，层林尽染，修河仿佛一个调色板，如何看去，都是那般醉人、那般妩媚。理发店里，平常随和的贞子似乎变得特别“苛刻”，对着镜子左顾右盼，不停地要求理发师改进头发造型。她的手提包里，放着吴妈妈提供的吴应谱的照片，贞子不知道自己已经端详了多少遍。阳光、纯粹、帅气，这是她给吴应谱的评价。将最靓丽的一面展现给心仪的人，这恐怕是每一位即将踏上爱情船只的妙龄女子的不二想法，爱美的樊贞子自然更不例外，一个下午，几乎都耗在一头秀发上。

终于熬到了约定的时间。入夜的联盛广场灯火璀璨，空中传来柔曼的乐曲。就像两股相隔迢迢的山溪水，某一日，会合于一个未知的地方，从这天起，吴应谱、樊贞子翻开了二人世界的第一篇章。

感情这东西是不可捉摸的暗流，也许一刹那间，便激流涌荡。贞子原本并不相信什么一见钟情，可是，只此一面，她便认定，这个人，就是她一直苦苦寻觅的“白马王子”。贞子在这一天的日记中写道：“我要开始咯。其实，我（想）偷偷地告诉你，之前看过你的岗位照片，（我）就已经心动了。”

仿佛前生约定，吴应谱有一种强烈的感觉，他爱情的船只，正在悄然靠岸。他的耳际，萦绕着修水的山歌：“日头出山一点黄，娇莲出门洗衣裳，手拿棒槌轻轻打，下下打在麻石上，一心想着我情郎。”原来，爱情如此美妙，可以像电流一般。回去的路上，吴应谱忍不住放声歌唱。

爱情滋润的日子新鲜而痒酥。樊贞子用心记录下了两个人由相识、相爱到成家的每一个重要时刻，精心制作了一本爱情光阴纪念册，作为结婚礼物送给了吴应谱。

贞子调皮地写道：“hello，我的吴先森（生）！想了很久，到底送什么作为新婚礼物给你，还是自己亲手做一份有意义的东西给你吧。希望你能喜欢，里面既有恋爱记录，也有我想对你说的话。感恩相遇、你的包容与宠爱，谢谢你！”

这里，不妨采撷其中的几串爱情葡萄，让世人记住他们曾经的甜蜜与憧憬吧。

——一起去明孝陵、中山陵，还记得那天走了很多很多步，脚很累，也废了。晚上，回到酒店，你帮我按摩脚，让我很感动。

——一起去总统府，一起听历史，一起听从前的故事。希望与你游历更多的景色。这张照片，我十分喜欢，我挽着你，你拥着我，让我觉得我是这世间最幸福的女生！

——跟你在一起的每一时刻，都觉得很幸福。当你熟睡时，静

↑ 吴应谱（左）、樊贞子（右）

静地看着你，都觉得很幸福。希望永远能像现在这样，彼此的唯一，彼此的最爱，彼此的依靠。嗯，真好！

——你每次在做决定时，都会充分考虑我的意见，尊重我，尽可能地满足我。跟你结婚后，真的感觉你就像我的太阳，既能温暖我、照耀我，也能让我安心。躲在你身后，尽情地享受着你的温暖。

——一起去看耀眼的烟花，手牵手。你抱着我，在香港留下我们俩的足迹。一起看尽这世间的繁华，努力地为彼此变得更加优秀。一起努力工作，创造属于我们自己的繁华。

“一起”，多么简单而暖心的词语，就像修水的群山，一山衔接着一山抱团取暖，一山挟着一山奔往高处，众山簇拥，成就恢宏磅礴的乐章。此时，坠入爱河里的吴应谱和樊贞子决计不曾料想，有朝一日，他们也会一起成为这人间的山，两座年轻的山。

二

2020 年，深冬。龙泉山的山色变得幽冥。斜阳下的雅洋村则是另一番气象，新楼鳞次栉比，村巷规整有序，俨然一座山间集镇。

修水县复原乡雅洋村村支书王诗勇缓缓走在村里的蚕桑基地边。

小河泛着粼粼波光，轻吟浅唱。作为修河的源头之一，雅洋的河水向来宛如冰清玉洁的仙子，是鸟的天堂。河畔，一排排桑树仿佛静静等待检阅的士兵。触景生情，王诗勇的心口一疼，眼前浮现2018年春天吴应谱参加主题党日活动时跟大伙一道为蚕桑基地锄草的情景，那个高举党旗的青春身影，像一团燃烧的火焰，一瞬间奔跑到了面前。

不知不觉，应谱已经离去两年。忽地，双眼一涩，王诗勇忍不住轻轻扶着一棵桑树，在心里默默说道："兄弟，你放心，咱们的蚕桑基地已经由一百亩扩展到了两百亩，村里还建起了四千平方米的养蚕大棚、三十亩的小蚕基地，2020年的养蚕收入超过了三十万元。"

时间是一个巨大的容器，沉潜着万物的鲜活和旧影。站在雅洋村村委会一楼那块写着"为人民服务"的墙壁前，时任复原乡副乡长的叶宁宁总是觉得，吴应谱从来不曾离开，似乎，他依然还在村部忙碌，他依然还在帮村民搬家，他依然还在田间地头跟乡亲们唠嗑。

顺着光阴河流的上游回溯，人们的目光定格在2017年12月的一天。那天，吴应谱得知县里调整深度贫困村的帮扶单位，要求派政治素质过硬的干部沉下去负责扶贫工作，县政府办公室对口复原乡雅洋村。他当即主动请缨，第一个向县政府办公室主任齐军递交了申请书。有人善意提醒道："应谱，雅洋是全县二十一个深度贫困村之一，建档立卡的贫困人口有两百六十多人，脱贫攻坚的压力非同小可呀。"吴应谱面不改色，认真地说："我是山里长大的孩子，懂得

↑ 复原乡雅洋村村部

村民们的苦，懂得乡亲们的情感，我不怕。”是日，他在朋友圈发了一句感言：“扶贫是我的诗和远方。”

2017年12月30日，吴应谱走马上任，成了雅洋村第一书记。盯着清瘦、年轻得如同邻家小弟的吴应谱，王诗勇心里直犯嘀咕，半晌没有吱声。出生于1981年的王诗勇从瑞昌的一所技校毕业后南下深圳“淘金”，务工六年后返乡做起了五金模具生意，在复原乡操办起移动公司营业厅，履历可谓丰富。从2014年12月担任村支书起，王诗勇深有体会，在乡下做群众工作需要情商，为此，他十分希望上头派一名富有经验、老成持重的同志前来帮助破解难题。可是眼前站着的是这位“90后”小伙子，像个白面书生，俗话说，嘴上无毛，办事不牢，他行吗？

吴应谱自然意识到了什么，可他只是笑笑，扶了扶眼镜，毫不在意，当天，他就扑下身子，去了荆州组的贫困户王俊恒家。短短的时间里，他走遍了雅洋的十四个自然村，摸透了两百六十三名贫困人员的基本情况，工作日志写了厚厚的八大本。便是连狗见了他，也不再凶叫，而是蹭过来冲着他摇尾巴，仿佛吴应谱就是土生土长的雅洋伢崽。

为了走村串户方便，吴应谱自己买了一部电动车，放在村委，一有空便往山里跑。好几回，王诗勇发现吴应谱在办公室涂涂画画着什么，样子神神秘秘，不知在捣鼓啥。有一次，王诗勇实在忍不住，凑近一看，他不由地发出一声惊叫，吴应谱竟然画了一张雅洋贫困户路线图，六十二户贫困家庭所在的村组、房屋坐落、行走路径、亟待解决的困难等，被标注得一清二楚。要知道，此时，吴应谱上任才不过一个多星期。王诗勇再看向吴应谱的目光，充满了赞许和欣赏。

当吴应谱走进月山下村民古和平的土坯房里时，六十多岁的古和平正在修农具，他平静地看了小伙子一眼，没吭声，埋头继续忙活。吴应谱对此早有思想准备，村干部之前已经透露，这个老古中年丧妻，脾气倔，不好打交道，因为穷，儿媳妇跑了，一家四代四口人住在一幢危旧的土坯屋里。来之前，王诗勇打了“预防针”，说：“老古对村里的工作几乎处处抵触，少惹他。”

吴应谱把几间泥巴房里里外外看了个遍，眉头越锁越紧。他走到古和平的跟前，说：“古大叔，我是从县里派到雅洋的工作人员，叫吴应谱，专门负责扶贫工作。您这房子属于危房，得尽早拆除，以旧换新，耽搁不起。听说村干部跟您谈了政策，您没有答应？”

古和平没抬头，瓮声瓮气地道：“不拆。没钱，建不起。”

吴应谱忙说：“先别急，咱们一块儿合计合计……”

古和平却站起身，下了逐客令：“不好意思，我有点事，得出趟门。”

两人的第一次见面不欢而散。

令古和平始料不及的是，没几天，吴应谱又出现了，这回，他跟古和平的八旬老母亲一边在屋前的场地干活，一边说笑着什么。古和平的心湖荡漾了一下，没吭声，抓过板凳，坐在屋檐下，看似眯着眼发呆，实则竖起耳朵想听清一老一少的对话。老母亲在叹息说：“不瞒你啊，小吴书记，这老房子碰到雨天，真像个水牢，外面下大雨，里面下小雨，其实我们做梦都想换新房。”

古和平一阵内疚，头越埋越低。

那是2018年春天，一个瓢泼大雨之夜。眼瞅着泥屋到处雨滴簌簌，古和平心如火焚，怎么也无法入睡。忽然，传来一阵急促的敲门声。古和平满腹狐疑地打开门一看，是披着雨衣、头发湿漉漉的吴应谱。他一脸疑惑：“吴书记，您这是……”吴应谱憨厚一笑：“这场雨太大，您家的土坯房危险，实在是让我放心不下。”瞬间，古和平的心头一热。

吴应谱看了一遍房子，见无大碍，这才抹去满脸的雨水和汗水，他拉着古和平坐在饭桌旁，笑嘻嘻地道：“大叔，情况我都知道了，您这房有两百个平方米，一旦改造，以旧换新，人均二十平方米，不划算，最主要的是，您担忧政策问题，怕四万元补贴到不了位。您放心，这些事我一定给您一件件办清。”

古和平的眼睛顿时亮了。他吐露了自己的另一个苦衷：“我自己和老母亲体弱多病，孙子要上学，只能靠儿子一个人在温州打工，就算给政策，我也不敢建房啊！”

吴应谱紧紧握着他的手，当场承诺：“只要您信任，一切由我来操持。不行的话，我给您写保证！”

一言既出，驷马难追。从拆土坯房到建新瓦房，吴应谱忙得像个陀螺：搞设计，请工匠，购材料，记账簿。倒是古和平乐得“享清福”，成天笑呵呵地在工地转悠，原本就不大的两眼，乐得只剩一丝缝隙。他感慨说：“我家做房子，吴书记比我操的心还多！”在得知古和平没凑足装修的钱时，吴应谱便拿出自己的工资先垫支。看着忙进忙出的吴应谱，古和平跟母亲说：“他不像一个干部，更像我们家的亲戚。”

新房很快从图纸变成现实。白净的墙，黑亮的瓦，平坦的瓷板地，崭新的实木床。搬迁那天，老母亲左瞧瞧，又看看，兴奋得半宿都不愿休息。这年过春节时，古和平特意在大门上贴了一副大红的对联：“喜居宝地感谢党恩惠民意，福照家门共度佳节迎春风。”

打那时起，古和平一改老蔫的样子，腰板直了，走路响了，笑声更爽朗了。更令他感动的是，在吴应谱的关心下，自己被安排到了保洁员的岗位上，每月可以拿到一千元工资。古和平逢人便竖起大拇指：“书记吴应谱，办实事，真靠谱！”

金杯银杯，不如好口碑。吴应谱深知，要赢得乡亲们的信任，必须以心换心，办好每一件实事。在操劳古和平建房之事的余暇，他多次跑到漫江农商银行，磨着工作人员办贷款。原来，界牌组的贫困户王木彦

→ 古和平的新居

想搞养殖，却苦于手头缺资金。看着对方愁眉不展的样子，吴应谱如坐针毡，动用自己的人脉关系，硬是给王木彦贷到了五万元。如今，王木彦不仅甩掉了“穷帽”，还在修水县城买了商品房，日子越过越有盼头。

贫困户古景星是吴应谱的帮扶对象，家里四世同堂，因缺劳动力致贫，他有心脱贫致富，却苦于不知如何下手。吴应谱带着日常生活用品，背着被子，住进了古家。干啥？三个臭皮匠，凑个诸葛亮，一块琢磨如何拔掉“穷根”来了。商量了整整两天，古景星一家终于一致同意吴应谱的建议：种植油茶。于是，十八亩油茶树郁郁葱葱地覆盖了半边山岭，成为雅洋的一道新风景。

邻居十分羡慕，向古景星的老父亲感慨：吴书记对古家的事真是上心。古父连连颔首，满脸是笑，由衷称道：“他在我家吃了两餐饭，坚持交了五十元饭钱，真是党的好干部呀。”

在乡村拆除违章建筑不同于城市，大家都是乡里乡亲，抬头不见低头见，很难磨得开情面。当工作组推进到湾头组时，卡壳了，古景星的父亲不肯拆除违规搭建的牛棚。古父曾经从事过贩牛生意，对牛有着深厚的感情。村干部好说歹说，古父却黑着脸软硬不吃、油盐不进。吴应谱获悉后，再次连夜登门，与老人家促膝长谈。谁也不知道这一老一少关门聊了什么，由于聊得兴起，吴应谱当天晚上干脆住在了古家。次日一早，工作组又过来协商，古景星忐忑地征求父亲的意见，老人反剪着双手掉头出门，扔下一句话："我老了，管不了了，拆不拆是你们的事。"于是，难题迎刃而解。至于吴应谱是如何说服古家老人的，相关人都守口如瓶。有一点却不容置疑，整治后的湾头，村容村貌焕然一新，成为秀美乡村的典范。

雅洋村有党员四十二人，年龄普遍偏大，对电脑很陌生。吴应谱决心改变这种状况，他"逼"着村委四个人带头使用电脑办公，学着用App上党课，推行案例教学。一时之间，雅洋人学新知识的风气蔚然。吴应谱趁热打铁，带人到武宁取经如何发展蜂蜜产业，成立专业合作社，设计产品包装。他还把村民组织起来学习电商知识，开展网络化销售。新理念、新思路、新方法，如春风化雨，润物无声。这时候的王诗勇，越来越喜欢吴应谱，他们成了无话不谈的好兄弟。

雅洋曾一度盛行大操大办酒宴，铺张浪费惊人，为改变这一陋习，吴应谱与王诗勇琢磨出一个"金点子"，制作了十面红旗、十块牌匾，鼓励勤俭节约办红白喜事，与村民们约定，禁燃鞭炮，简办宴席，每桌荤素不超过十个菜。谁家办喜事，谁家就挂上红旗，摆上牌匾，红旗就是规矩，牌匾就是警醒，旗牌所到处，令行禁止。

村庄变美了，风气好转了，气象更新了，而贫困户要彻底摘掉"穷帽子"，发展还得靠产业。雅洋村山多地少，之前不少村民自发养蜂、种植药材，但没有形成气候，起色不明显。吴应谱看在眼里，急在心里，他拽着王诗勇多方调研，决定走桑蚕养殖的路子。跑有关部门办理土地流转，起草发展蚕桑产业"六统两奖两优先"方案和入社协议书，吴应

→ 雅洋村集体经济——桑树林

谱忙得有滋有味。第一期，开辟了一百亩基地，用以种植桑树，有十八户农民选择了参与生产经营，其中贫困户十三户。一切，像一列火车，沿着轨道始发，速度渐渐快了起来。

山，更加妩媚青翠。水，更加清澈可人。村庄，变得干净秀美。聚沙成塔，集腋成裘。村民们的目光由怀疑慢慢转向信任，诚如古和平老人所言：吴应谱，真靠谱。

三

大港河也有浪涛汹涌的时候，生活从来不会一马平川。

从大椿乡党政办调整到扶贫站任扶贫专干，樊贞子对此似乎有点始料不及。毕竟，后者，是个苦差事，区区三个人，得对付那么一大摊事，压力、强度不言而喻。

贞子选择了无条件服从。这是2018年7月间的事。她甚至有了一个想法，应谱去了复原乡雅洋村扶贫，自己正好在应谱的故乡扶贫，她这个“新兵”，要跟心爱的人进行一场“赛跑”。

扶贫站与党政办都在乡政府办公楼的一楼，二者相隔不远。樊贞子调过来时，正遇上大椿乡实施第三批移民搬迁工程项目，她得在短时间里完成三百七十五户搬迁贫困户的相关资料建档。贞子深知肩上的担子，自己职位虽然不起眼，手头的工作却关系到百姓冷暖。她抓紧熟悉全国扶贫开发信息系统的操作运用，确保准确录入相关信息，但凡遇到新问题，便记录在一个小本子上，及时求解，解开疑惑。

这一年8月，樊贞子负责蹲点大杨村，对八十九户贫困户登门建档立卡，一待，就是一个月。想吴应谱了，只能在夜深人静时打开手机视频通话。看着一身疲倦、不断捶腰的贞子，吴应谱心疼不已，也满是愧疚，记得5月20日自己向贞子求婚时还郑重承诺：“我们聚少散多，但从今往后我会更爱你，多抽时间陪你。”而实际上，他们的扶贫点相隔一百二十六公里，中间横亘着多少座巍巍山峰，见一面，比牛郎织女强不到哪儿去。吴应谱不知该如何安慰，便吟诵了宋代李之仪的那首《卜算子》：“我住长江头，君住长江尾。日日思君不见君，共饮长江水。”

虽然出身富裕家庭，但贞子从不甘心做一个锦衣玉食的“富二代”。随着与那些贫困户的深入交往，樊贞子震撼了，她阅读着一双双焦灼、渴盼、无奈、无助的眼睛，感受着一颗颗饱经风霜的心，忽然之间，原本无忧无虑的她，那么迫切地渴望自己迅速成长，长成一棵参天大树。

得知女儿的境况，父亲樊友炳也心疼了，孩子可是在城里长大的呀。他说，贞子，换个岗位吧。

贞子在电话里直接将父亲的下半句堵了回去：“老爸，你还是我的知心朋友吗？一点都不支持我的事业，真不够朋友。”

樊友炳一阵哽咽：“我拗得过你吗？”

的确，只要认准了理，谁也阻拦不住贞子的抉择。

扶贫工作给樊贞子的影响太大，她真没有想到，有的村子还是泥巴路，很多贫困户住在岌岌可危的土坯房里。更令她震惊的是大杨村这个深度贫困村的状况，全村八百多人几乎异口同声愿意搬迁离开穷乡僻壤。这个时候，贞子觉得自己是那般的渺小、单薄、无力，她唯一能做的就是加班加点地工作，希望能够把大椿乡的真实情况反映上去，给这些贫困户一丝温暖的火苗。

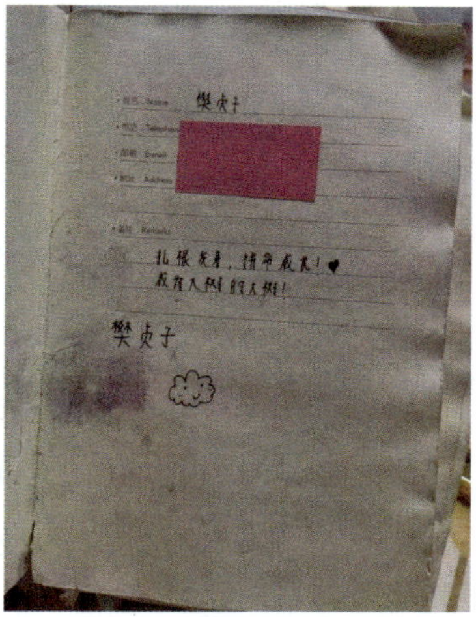

↑ 樊贞子的笔记本

善良，终究绽放成山野里芬芳的花朵。乡里的干部们不约而同地喜欢上了这个阳光灿烂的姑娘。报账员、协税员、乡镇妇联专职副主席、组织干事、统战干事，贞子肩上的担子越压越多，她却没有任何怨言，接到任务时，总是一声脆脆的回答：“没问题！”

一句“没问题”的背后，是超负荷的辛勤付出。2018 年 7 月从教师岗位考到大椿乡党政办的程玲，见证了一个“工作狂”的日日夜夜。那些天，樊贞子要么埋头于电脑前整理“一户一档”资料，要么沉入大杨村、船舱两个贫困村实地摸底，几至废寝忘食。眼看着预定拍摄婚纱照的日期逼近，贞子依然熬夜加班。程玲盯着那双“熊猫眼”，不敢相信一向爱“臭美”的闺蜜竟然毫不在意，她善意提醒道：“跟领导说说，让别人分担一些工作。”贞子坚决不同意，告诉程玲，自己熟悉情况，电脑操作速度是乡里最快的，她能挺住。似乎为了宽慰对方，贞子莞尔一笑：“权当减肥吧，等工作做完了，就去拍美美的婚纱照。”

意识到自己使命和责任的樊贞子郑重地递交了入党申请书。她写道："走访了很多村民，其中一些是贫困户，他们无一不跟我诉说着以前的日子有多苦，是党和政府一直以来对他们不抛弃、不放弃，鼓励他们重拾信心……我既然选择了，就应该勇往直前，承担起一名基层公职人员的使命——为人民服务。"

从大椿乡政府一路颠簸，山势愈来愈险峻，乡道愈来愈崎岖，让人情不自禁感慨，这儿是峰的部落，是山的王国。良久，隐隐约约传来流水声，一湾溪流从群山之间喷吐而出，从容地奔向修河。一栋栋房子沿着溪畔而坐，像一群隐士，忘记时有四季，不知山外世界。整个村落的形状似一艘船，定格于山谷。这便是大椿乡有名的深度贫困村船舱村。

客人来了，船舱人喜欢端上一杯麻子菊花茶，花瓣与芝麻浮在热水之上，香气氤氲。自从 2017 年 10 月接受负责帮扶船舱村四户贫困户的任务以来，樊贞子隔三岔五就往大山里跑。她喜欢这种感觉，坐在房前院子，或者厅堂里，山岚飘到发梢上，鸟鸣落在掌中，在如此宁静的环境里与乡亲们敞开心扉聊聊家长里短，记录他们的酸甜苦辣，一切是那样的有意义。贞子忽然觉得，自己是多么的幸运，有百般宠爱的父母，有心心相印的恋人，有一份与老百姓血肉相连的职业。

人们发现，只要樊贞子来到船舱村沙洲组，建档立卡贫困户游承自那张核桃脸便舒展得格外灿烂，像怒放的山花一般。这位出生于 1943 年的老人跟贞子特别合得来，待在一块时，总有说不完的话，两人成了铁杆忘年交。每回贞子一进院子，老远便甜甜地喊开了："游爷爷，我来了。"久之，游承自养成了条件反射，只要天气好，他便喜欢走到村口，等待那个熟悉的身影。说起来，老人实在是太寂寞了，儿子儿媳带着孙子孙女漂在外地务工，破旧的土坯房里，只有游承自一人守着晨昏交替。

樊贞子的出现，对于游承自而言，无异于天降一枚"开心果"。老人几乎每天都会接到贞子的问候电话，嘘寒问暖，无微不至，游承自心里明镜似的，宝贝“孙女”这是怕他孤独啊。只要去船舱村，樊贞子会提前去买好水果、零食、蔬菜，大包小包地拎进游承自的家门。贞子心细，每次临走前，都会告知老人何时再过来看望他。

2018年春季，樊贞子买来五十只小鸡苗，特意送到船舱村，她叮嘱游承自只管把鸡养好，销售问题她会想办法。老人在房屋一侧围了一块地，作为小鸡们的栖身之处。喂食，续水，入笼，放养，游承自十分用心，他生怕辜负了贞子的一番好意。枯燥乏味的生活，有一群活蹦乱跳的小精灵陪伴，也很不错。这些鸡，不知不觉间，让游承自有了某种精神寄托。

土鸡渐渐长大。樊贞子信守诺言，开始利用朋友圈、网络、电话做宣传，向亲朋好友进行推销。每次上门取土鸡时，贞子总是先如数把钱垫给游承自。她还私下给樊友炳下了“任务”：“老爸，我如果卖不完，你负责包销啊，四十五元一斤。”樊友炳一愣：“不是三十五元的单价吗？”贞子嘴一嘟：“哎呀，你这个老板，让游爷爷多赚几个钱嘛。”有谁知道，

↑ 船舱村游承自（左一）与大椿乡、船舱村干部在一起

2018年12月16日，樊贞子在其微信朋友圈中发出的最后一条信息是："本人贫困户家养土线鸡，不吃饲料，纯土鸡，35元/斤，一只大概4.5斤左右，深山土鸡，味道鲜美，可送货上门，有需要的联系我。"

2018年暑期，游承自远赴浙江省乐清市探望务工的儿子一家。樊贞子像往常一样，时常来电话问候，她说："爷爷，跟您说个事，等您回来了，我想帮您申报享受产业直接奖补政策。"果然，当游承自刚刚回到修水县城女儿家，樊贞子立即从大椿乡赶了过来，连夜登门办理相关手续。贞子悄悄告诉老人，她马上就要当新娘子了。顿时，游承自的心里像化开了蜜，真心实意替孙女高兴。送贞子出门时，得知她是自己开的汽车，老人一脸严肃地道："女孩子尽量不要开车，特别是晚上，千万小心啊。"

樊友炳一直希望从新余学院毕业的女儿能去当教师，而不是到乡镇干公务员。作为生意人，他心里再明白不过了，修水是典型的山区，基层工作太不容易，扶贫工作更是一份苦差事。可是，他又是那样尊重女儿的选择，毕竟，多年来，他们既是父女，也是无话不谈的知心"朋友"。不过，樊友炳越来越感觉到，这两年，女儿有点"怪"，因为从小乖巧的贞子竟然开口要钱了，而且不是小数目，足足五万元，要知道，在女儿考上公务员后，樊友炳曾经一次性给了她十万元。这么多钱派了什么用场，贞子讳莫如深，做父亲的自然无条件地选择了信任。

一切，直到樊贞子牺牲之后，才揭开了谜底。贞子的第一个月工资，捐给了大椿乡政府保洁员蒋秀琴，资助其女儿上学。贞子账户上的钱，大部分拿去帮助贫困户了。贞子向父亲求助的五万元"救急款"，被她捐献给了县里的助学基金会。

刘三峰至今忘不了那个提着大包小包走向船舱村的身影。他说，没有谁能准确统计，那些日子，樊贞子自掏腰包给村民们买过多少大米、食用油、棉被、衣服，但有一个事实谁都记得，贞子每次去探望贫困家庭时，两手从不曾空过。

爱是最美的语言。爱是高擎的火炬。爱是永恒的峰峦。

樊贞子的爱，长成了大椿山乡里的绿树，长成了大港河畔的庄稼，长成了一个时代的路标。

四

那本爱情光阴纪念册，是吴应谱、樊贞子一起浇灌的长情之树。这十丈红尘中，果然有爱如此，“问世间情为何物，直教人生死相许”。

婚纱照上，樊贞子似乎依然在倾诉着她的甜蜜。

——2018年，第一次牵手；4月4日，第一次出去游玩；6月1日，领证；11月7日，我要嫁给你啦。

——吴先生认真工作的样子好帅。陪你加班的每一个夜晚，看着你认真的模样，越发爱你。

——之前每一次出行，都是我一个人，但是现在出去不怕了，因为有你在身边。你是盔甲。你是软肋。

——在民政局宣誓的时候，我在心里想：真的要成为你的妻子了，我一定尽我所能照顾好你。

——希望以后能跟你一起领略到更多的风景，探索这个世界更多的奥妙，以后带上我们的孩子一起。

吴应谱出生时，其父亲已经四十五岁，等儿子与樊贞子谈婚论嫁时，吴父已近耄耋之年，体弱多病，不堪风雨。当得知吴应谱自告奋勇奔赴复原乡扶贫时，母亲一百个不舍得，试图劝说儿子能够改变初衷。可吴应谱的回答是那样的斩钉截铁：“妈妈，我是你的崽，也是单位的人、党的人呀。”

父亲病倒了，情况十分严重，被送往省城南昌住院，所幸有几个姐姐轮流照看。而此时的吴应谱，正奔走在复原乡的莽莽群山里。

母亲一个人留守在大椿村里，担忧老伴，想念儿子，茶饭不思，神情恍惚。樊贞子心疼老人，劝慰说：“妈，一切都会好起来的，再说，还有我呢。”她每天忙完乡里的活，便会抽空过来陪护老人，晚上则与婆婆同睡一张床。跟吴应谱视频聊天时，贞子总是不忘将手机递到老人眼前，让母子二人一解思念之苦。

吴应谱与樊贞子这对恋人，一个在修水县的南部边陲，一个在修水县的西北之隅，这一百多公里的山路，开车都得三个多小时。他们的恋爱故事不胫而走，成为修水扶贫战线上的美谈。叶宁宁跟吴应谱打趣道：“你们这是谈了一场本地的‘异地恋’。”

信仰是一个人心里的太阳。别人谈恋爱是花前月下、形影相随，而吴应谱、樊贞子谈情说爱的话题竟然是脱贫攻坚。他们比翼双飞的天空是乡亲，连理枝下的泥土是家园。创办产业、棚户改造、修桥铺路、建设秀美乡村，破解这些现实生活中的难题，是他们梦寐以求的诗歌与远方。

其实，每次看着贞子疲惫的样子，吴应谱内心都充满愧疚，他不止一次在心里暗暗发誓，等脱贫攻坚战胜利了，一定要加倍弥补、呵护自己心爱的姑娘。那一回，贞子下乡时扭伤了脚，钻心地疼，却硬是咬着牙关把活干完。吴应谱得知后，心里翻江倒海，不是滋味。求婚那天，他动情地道：“你在大椿上班，我在复原驻村，确实是两地相隔，但是从今往后，我会努力抽出更多的时间来陪你。”

然而，吴应谱一次次“失信”了，休完三天婚假的小两口子便立刻各自奔赴岗位。樊贞子调侃说：“吴先生哎，你陪贫困户的时间比陪老婆的时间还多。”

视贫困户为亲人的吴先生没有跟妻子说出一个秘密：夜深人静时，翻看着那本由樊贞子亲手制作的爱情光阴纪念册，是他最幸福的时刻。

山间的日子分外宁静。山间的日子在忙碌中化为天籁、流云、更迭的色彩。大椿、复原的群山在渐渐稀疏的鸟鸣声中迎来了2018年的初冬。

那天，吴应谱正准备出门去月山下走访。一声“叮咚”，手机响了，备注“宝宝”的微信视频里，是樊贞子那张烂漫的笑脸。不过，吴应谱觉得今天的妻子怪兮兮的，甚至有点神秘。

“吴先生，我知道，你又要去走‘亲戚’了”，贞子调皮地眨眨眼，他们私下里都喜欢把上贫困户家叫作走亲戚。没等吴应谱作答，她忽然拉长声音道：“吴先生，恭喜你。”

吴应谱丈二和尚摸不着头脑：“贞子，你这是在玩啥花样？”

贞子“扑哧”笑了：“傻瓜蛋，你要做父亲了！”

吴应谱恍然大悟，张着嘴，继而发出低沉的“嚎叫”：“太幸福了！”

被幸福击中的吴应谱骑着电动车，感觉是那样的“拉风”，远处那座月牙状的山峰仿佛一位慈善的老人正含笑祝福。小河欢快地流淌过雅洋的土地，它将越过一座座谷壑，在下游与大椿的大港河会合，一起游弋于修河宽广的胸怀里，吴应谱忽然想，也许，自己和贞子，就是其中的水滴。他从来没有如此强烈地渴望见到妻子，好好地抱一抱她，好好地聆听那个小生命的欢歌。这位即将为人父的青年，迎着阳光，张开双臂，想飞。脑海里，如浪花一般，跃出一句诗：“为什么我的眼里常含泪水？因为我对这土地爱得深沉。”

2018 年 12 月 15 日，周六，吴应谱、樊贞子终于在修水县城的小家里团聚。一对印着“囍”字的大红灯笼挂在家门前，简朴的三室两厅里充满温馨。房子装修是吴应谱的大姐夫一手操办的，可装修款，吴应谱还欠着，小两口实在是“弹尽粮绝”。主卧室床头的婚纱照上，樊贞子小鸟依人，笑靥灿烂，吴应谱侧身凝视着妻子，深情款款。由飘窗改造成的书桌上，摆放着多张记录贞子成长的照片，一只粉色的塑料小猪摆放在一侧，憨态可掬。

贞子拉开衣柜，边往里挂衣服边说：“吴先生，我买的好几件衬衫你都没舍得拆封，要穿帅一点哦，否则，怎么对得起我这颗爱心。”吴应谱被逗笑了，他凝视着忙碌的妻子，心中甜蜜，怪不得乡亲、同事们都喜欢贞子，她真是一个开朗豁达、善解人意的姑娘。此生能够娶得如此伴侣，夫复何求！

樊贞子埋头整理着吴应谱的那身西装，特意将左胸的那枚党员徽章别得端端正正，她忽地回头，眼睛像月牙：“吴先生，要我说呀，这个家是我们的旅店，从 11 月 7 日结婚到现在，快四十天，我们在这儿只待了一个星期。”吴应谱似乎听出了弦外之音，轻轻将妻子揽了过来，一句话也没说，就那样静静相拥，房间里，只有彼此的心跳。

良久，贞子理了理云鬓，柔声道：“我明天回一趟船舱，把惠农资金一卡通给游爷爷送过去，顺便给他推销几只土鸡。你难得回家，就乖乖待着，好好休息一下。”

吴应谱毫不犹豫地道：“我陪你去，船舱的路太难走，我在那边教过书，熟悉。再说，你现在的情况特殊，我可不放心。”

这个夜晚，小两口坐在窗前，似乎有说不完的话。贞子告诉丈夫，娘家人得知自己怀孕后，想给她换个工作，但她拒绝了，脱贫攻坚到了关键时期，她可不想掉链子、当逃兵，得为肚子里的孩子做个好榜样。

天幕上，几颗星星微亮，像大椿乡下夏夜里随处可见的萤火虫。幕阜山仿佛哪位国画大师以洗练的笔墨勾勒而出，意境幽远。一种从来没有的感觉涌上今夜吴应谱的心尖，大山，原来也有灵魂。

朦胧的灯光里，贞子忽闪着眼睛，看着丈夫："你可别忘了，等忙完脱贫攻坚，要带我去山里人家听土生土长的修水山歌。"

吴应谱点点头，一瞬间，思绪飞回到童年，似乎又听到了那首花灯调《十带》——

一带头上扎头绳，
二带头上遮灰巾，
三带水粉搽白脸，
四带胭脂点嘴唇，
五带五组好花线，
六带一把青油伞，
七带上身红缎袄，
八带下身翠蓝裙，
九带一副青裹脚，
十带一双绣花鞋。
干哥替我带，
紧记在心怀，
带算我带，
就怕别人怪。
带只管带，
莫怕别人怪，
杭州打货苏州卖。

五

一片片竹影婆娑。一座座山峰青秀。一声声溪水和着鸟鸣。

迷迷糊糊中，游承自似乎又听到那个熟悉的甜美的嗓音：“游爷爷！”他情不自禁走到院子里，情不自禁走到村头，手搭凉棚，眺望。可是，他的好孙女贞子没有出现。浊泪，模糊了双眼。

游承自哆哆嗦嗦拨通了乡政府党政办程玲的手机：“真的，真的，大玲子，我昨天梦到贞子了，她一直笑着喊我游爷爷！”说着说着，老人泣不成声：“我想孙女了，她是不是也想我了？”电话那头，程玲早已成了个泪人。

白墙，灰瓦，屋前开阔平坦，室内干净整洁。2019 年 8 月，游承自一家乔迁到了这栋一百二十平方米的新居。日子好过了，可是，老人的心里空落落的。他总是充满了自责：“都怪我，如果贞子不是替我卖土鸡，也许就不会发生悲剧了。”

船舱人永远忘记不了那个悲伤成河的日子：2018 年 12 月 16 日。

那天上午，吴应谱两口子开着白色私家车，经过一路颠簸，终于抵达船舱村沙洲组。远远地，樊贞子甜甜的声音便飞进了屋里：“游爷爷，我们看你来了。”说着，她从随身的小包里掏出惠农资金一卡通，提醒他别忘查看政府补贴是否到位了。

贞子兴奋地挽着游承自的手臂：“爷爷，这次我卖出去三只土鸡，顺路带回县城。”她歪着头看看丈夫，俏皮地道：“吴先生，请付钱。”

吴应谱赶紧递上六百元钱，游承自算了算，要找五元零钱，但贞子说啥也不肯收。他们将土鸡装入一个纸箱，放进汽车后备厢，便急着告别。游承自舍不得，送到村口，目光一直追着汽车消失在苍莽的山间。他突然有一种奇怪的感觉，以前，贞子每次来看望自己时都会约定下回再来的日期，而今天，竟然没有提及。

青山绵延，小车像一只白色的甲壳虫在山间迂回、起伏。吴应谱、樊贞子之所以急着赶路，是因为想见缝插针，去大椿村看望应谱的老父老母。

一切是那么的熟悉，一切是那么的亲近，想到很快就要见到离别了一个多月的亲人，吴应谱兴致极高，顾自扯了几嗓子山歌。无意间，他瞥见自己的“宝宝”贞子正托着腮沉思，似乎有啥心事。吴应谱故意大声咳嗽了一声。回过神来的贞子抱歉一笑，解释说：“我在算贫困户的收入，真希望他们早日翻身，过上好日子。”于是，两人的话题围着如何算贫困户的收入展开了，这个话题，一直扯到了吴家的饭桌上。

盯着亲亲热热的小两口一边互相夹菜，一边探讨扶贫事项，吴应谱的父亲母亲无奈地相视一笑。二姐忍不住嗔道：“吃饭，吃饭，咱家都快成扶贫办了。”顿时，全家人笑成一片。

丢下饭碗，吴应谱先去倒车，准备动身回修水县城。吴妈妈舍不得，紧紧握着儿媳妇的手：“贞子，就不能多待一会儿？”樊贞子于心不忍，抱了抱老人：“对不住了，妈妈，我跟别人约了今天下午要谈一个项目，关系到贫困户的切身利益。”

山道弯弯，河流弯弯。吴应谱、樊贞子又一次出发了。但这一次，吴先生和他心爱的“宝宝”，再也没有走出大山。

这天下午两点钟左右，溪口镇易家湾路段，一辆农村客运班车上的乘客无意间发现，河道的水潭里倒翻着一辆小车，车身全部淹没于水中，唯有四个车轮半露出水面。人们立即跳下汽车，疯狂地冲向河流。闻讯而来的交警、村民纷纷跳入冰冷的河水。经过一番努力，小车终于被众人拽上了岸。

然而，一切都晚了，车上的两个年轻人已经没有任何生命体征。遇难者，正是结婚刚刚四十天的吴应谱、樊贞子，一起离去的还有贞子腹中不满两个月的胎儿。变形的后备厢里，是三只已经溺死的鸡。

搜救者在樊贞子的包里发现了一本帮扶日志，上面留着她今天走访游承自家的记录：“上户慰问走访，询问最近身体状况，告知他最近天气冷，要注意及时添加衣物，注意保暖，查看‘五大件’是否齐全，及时帮助补齐。”

没有谁知道到底发生了什么。没有谁知道吴先生和他的“宝宝”在生命的最后经历了什么。没有谁，能够让时间逆转。

河流呜咽，幕阜垂泪。

游承自很快知道了这个噩耗，因为他有一位亲戚恰巧在那辆客运班车上，对方第一时间打来了电话。“不可能！”游承自红眼了，几乎是歇斯底里地吼道。是啊，当然不可能，就在中午，贞子还来电话询问他是否愿意出售母鸡，朋友圈里有人在向她打听此事。才隔了一个多小时的工夫，怎么可能就出了这样的人间惨剧？

残酷的现实，最终击垮了老人的一线希望。游承自失魂落魄地站在村口，对着沉默的苍山，像一个孩子似的，放声大哭。他多么希望那辆白色的小车一直停留在拐弯处，他多么希望那一声“游爷爷”永远不会消失啊。

正在村委会加班的王诗勇接到关于吴应谱的不幸消息后，瘫坐在椅子上，只觉得天地一片白茫茫。他永远不会忘记，吴应谱最后的工作日志这样写道：“上午，在村部迎接省级督导组检查工作和整理59户贫困户基本情况。下午，同帮扶工作组组长陈健平查看王秀庭等5户贫困户的坡顶工作，督促盖坡顶的刘老板加快进度。晚上，在村部整理扶贫资料。”

平凡英雄，真情绵长。一位同学给樊贞子留言：“你问过我海南的风景空气是不是都很好，当时我说有机会你可以去看看，现在我想告诉你，有你在的地方，都是风景，你永远都在我们心中。”有人感慨写道：“红灯照着白挽联，修水伉俪献华年。脱贫攻坚冲阵仗，青春无悔幕阜山。”几年过去后，雅洋村的古和平依然能够一口气准确地报出吴应谱的手机号，他说，自己要记一辈子。古景星的媳妇透露，古家至今还保存着吴应谱留宿时用过的水杯和牙刷，一家人都说留个纪念，也留个念想。

2021 年 2 月 25 日，全国脱贫攻坚总结表彰大会在北京人民大会堂隆重举行，1981 名同志被授予“全国脱贫攻坚先进个人”称号，“90 后”的吴应谱、樊贞子是唯一一对牺牲的夫妻。

↓ 去往雅洋村路上的宁红茶园

“在一起，一辈子”，这是吴应谱、樊贞子彼此郑重许下的诺言。

他们生如火花之耀亮，死如彗星之迅忽。

是修水的群山养育了他们，然后，他们成为大山的一部分。

让我们记住这两个年轻的名字——

吴应谱，男，1990 年 9 月出生，修水县大椿乡人，毕业于宜春学院，生前为修水县政府办公室派驻复原乡雅洋村第一书记。

樊贞子，女，1995 年 4 月出生，修水县大桥镇人，毕业于新余学院，生前为大椿乡政府干部。

风吹幕阜，云恋修河。或许，若干年后，将有一首修水山歌，深深传唱他们的爱情。

10

畲乡杜鹃红

一

春风一吹，兰子畲族村的山山岭岭顿时如同仙气附身，云雾氤氲，鲜嫩欲滴，透着轻灵。一丛丛杜鹃花仿佛从魔术箱里骤然现身，点燃了山间的日子，点燃了村民的希望。

兰子畲族村地处横峰县姚家乡西北部，与弋阳县葛溪接壤，全村有兰子、楼底、罗家、草门地、新农村、东山、坞石塘七个自然村，总户数为七百六十户，总人口为三千三百七十五人，其中畲族四百五十八户、一千四百二十六人。这是一块红色的土地，第二次国内革命战争时期，方志敏领导的弋横农民大暴动就发生于该村的楼底自然村。

斜阳下，兰子组的村民王世谷弯下腰，用手机拍摄杜鹃怒放的样子。他从小喜欢杜鹃花，每当看见山间杜鹃烂漫的情景，便情不自禁地对兰子更平添了一份留恋。当别人纷纷背井离乡远赴浙江、广东、北京务工时，他和妻子兰月英却选择了留下，利用故乡的独特地理环境，闯出了一条养殖肉牛的致富路。

王世谷采撷了几朵杜鹃花，放进嘴里慢慢咀嚼，那酸酸甜甜的滋味在味蕾间蔓延，似乎带着一丝春风的气息。看一眼山坡上惬意吃草的牛群，他的眼里荡漾起满满的笑意。

手机的铃声忽然打破了山间的宁静。

“世谷，今天早点收工，李桂芳书记晚上要来咱们家。”电话里，传来妻子兰月英温婉的声音。

李桂芳，那位刚刚上任的驻兰子村第一书记？王世谷听说过，兰子村是横峰县民族宗教局的扶贫点，由于担任兰子村第一书记的县民族宗教局工作人员生病了，无法继续履职，作为县民族宗教局“掌门人”的李桂芳竟然主动请缨，挑起了这副担子。此时，2017年年初，兰子村还有五十八户一百九十四人没有脱贫。

她怎么会找我？王世谷心里直犯嘀咕。自己早已通过自力更生摆脱了贫困，成为远近闻名的养牛专业户，跟贫困户的关系八竿子打不到啊。

炊烟袅袅。倦鸟归林。王世谷带着牛群浩浩荡荡返回村庄，在村民的注视下，他嘴里怡然自得地哼着那首歌：“走在乡间的小路上，暮归的老牛是我同伴，蓝天配朵夕阳在胸膛，缤纷的云彩是晚霞的衣裳……”

李桂芳果然如约而至。她的衣着打扮很朴素，上身穿一件红色长袖衬衫，下穿一条牛仔裤，手上挽着一件黑色夹克。透过淡淡的灯光，王世谷感觉有一丛盛开的杜鹃花飘了过来。

双方在客厅里坐定，简单寒暄之后，李桂芳了解起王世谷夫妇养肉牛的情况。王世谷的心里“咯噔”了一下，两眼警惕地打量着对方。

李桂芳似乎猜到了什么，她呵呵一笑，开门见山道：“实不相瞒，我跟村委一班人商量，觉得养肉牛有前景，而你是这方面的行家里手，所以想请你帮忙牵头成立合作社，带着贫困户一起致富。”

这怎么行？王世谷差点脱口而出，不过，他按住了自己的话头，转而委婉推辞道：“承蒙李书记看得起，我本应该为乡亲出点力，不过，我的确能力有限，只能自己糊糊口，至于合作社的事，还望另请高明。”他内心还有一个顾虑不好表露：自己信不过驻村干部，认为他们不过是来镀镀金罢了。

气氛一下子尴尬了。兰月英趁着续茶水之机，悄悄踢了王世谷一脚。王世谷自然与妻子心有灵犀，觉得自己有些不通情理，只是，多一事不如少一事，他实在不情愿卷入村里的是是非非中。

话不投机半句多，见王世谷油盐不进的样子，李桂芳适时站了起来，微笑道："今天晚上我是来认个门，报个到，希望世谷同志再考虑一下。建设出一个美丽兰子，确实急需你这样的能人支持，我想，这也应该是你的愿望。我以后还会登门请教的。"

尽管碰了"软钉子"，李桂芳却并不生气，她说到做到，不久后，再次与王世谷两口子会面。这回，李桂芳拿出了一份兰子脱贫路线图，征求他们的意见和建议。看着看着，王世谷呆了，如果真的按照这个方案实施下去，故乡真的有指望了。

李桂芳的话题终归还是回到了产业脱贫上。她说："能人 + 合作社 + 贫困户，这种模式可以授人以鱼，更能授人以渔。我琢磨好了，如果你们愿意成立合作社，就从你们的名字里各取一个字，叫谷英养牛合作社。"

王世谷的心间一暖。

2017 年 9 月，兰子畲族村谷英养牛合作社菜牛扩建养殖基地，带动二十五户贫困户八十一人投资投劳，在脱贫之路上迈出了坚实的步伐。

二

环兰子皆山。山馈赠了兰子村民青山绿水，也伴生了贫穷和落后。

李桂芳接棒驻兰子村第一书记之前，已经多次深入这个畲乡，她深知产业扶贫对于一座村庄的意义。

大片的油菜花包围着村组。鸟群时而盘旋。春天使大地恢复了元气，重新青春迸发。

坐在由兰子开往横峰县城的乡村巴士上，李桂芳锁着眉头，想着心事，心中不止一次设计着即将到来的会面的台词。

偶然的一个机会，她得知有“横峰老干妈”之誉的企业家侯雪娇计划在兰子村承包三百多亩田地，准备实施机械化种植水稻。李桂芳正为贫困户的就业发愁，她觉得，如果将这些水田的用途改为劳动力密集型的甘蔗种植产业，可以吸收一批贫困户劳动力。于是，她决定拜会一下侯雪娇这个横峰县的商界奇人。

事情出乎意料的顺利，当李桂芳说明来意后，侯雪娇当场拍板：“行，把水稻改种成甘蔗，我也算是为扶贫出把力。”

↓ 兰子村水稻田

热心肠的侯雪娇还主动与李桂芳一起寻找浙商，引进一家种植甘蔗的企业。三百五十亩茂盛的甘蔗林，从此在兰子村安家落户。仅此一项，除了每年给村民增加十七点五万元土地流转费外，还带动了八十户农户一百一十人就业。

东山组自古以孝道出名，有“礼孝东山”之说。这儿保留着古樟、古桥、古井、古礼孝门，“孝子三迁”的故事更是流传数百年而不衰。李桂芳很喜欢这个幽雅、静美的村庄。2017 年 3 月，她召集党员、村民代表在东山开会，主题是借助打造东山秀美乡村亮点村之机，发扬东山传统，打造“孝文化”，倡议每个村民在三八国际妇女节、母亲节和重阳节期间为母亲梳一次头、洗一次脚、煮一碗长寿面。

紧接着，李桂芳打出“孝文化”组合拳的第二招，种植“孝子瓜”。

通过调查摸底，李桂芳发现西瓜种植投资少、见效快、管理方便、市场销路较好，还可以套种其他农产品，提高土地利用率。于是，她请来农技专家对东山组的土壤种植条件进行评估。得到专家的认可后，李桂芳决定先种植二十亩“试验田”，并注重与当地的“孝文化”有机结合，将西瓜命名为“孝子瓜”。

一个金点子，造福一座村。“孝子瓜”一经问世，便成为“香饽饽”，近两万斤的西瓜被迅速订购一空。一个新的西瓜品牌在市场上被叫响。

兰子村楼底组的兰秀根从 1998 年开始，一直在浙江衢州从事餐饮业，经过多年打拼，小有成就。作为创业能人，兰秀根接到姚家乡伸来的橄榄枝，邀请他返乡工作。2018 年 8 月，兰秀根走上了兰子畲族村党支部书记的岗位。

在兰子村委，兰秀根与他已久闻其名的李桂芳第一次见面。李桂芳那天穿着红衬衫、牛仔裤，仿佛一朵热烈的红杜鹃。她如同一位邻家大姐，带着兰秀根到贫困户家走访。兰秀根内心惭愧，自己这个土生土长的兰子人，竟然还不如李桂芳熟悉情况。

不过，看着七户尚未脱贫的贫困户的境况，兰秀根越发心凉。尤其是走进兰子组的兰七而家的一瞬间，他好像掉入了冰窟窿。六旬的兰七而是低保户，因一场飞来车祸，脑部受到重创，两间瓦房到处漏水，妻子早已跑了，唯一的女儿也出嫁了，与其说这是家，毋如说是个“窝”。回到村部，兰秀根忽然变得无比沮丧。

李桂芳大约看出了兰秀根的心思，劝慰道：“扶贫工作不能急，剩下的几户贫困户基本是特例，咱们得用解剖麻雀的方法逐个去解决。”

于是，新的兰子村支委、村委会班子坐到了一起，讨论的主要议题就是针对那些情况特殊的贫困户，如何让他们不出村门就能实现就业。李桂芳提到，横峰县农博园在坞石塘组种植了一百多亩药材，可以借鉴这种做法，盘活土地，搞一个“千亩药材”，既给贫困户提供岗位，又可以增加收入。一语点醒梦中人，大伙一致认为这个点子可行，一旦实施，将再次给兰子插上经济增长的翅膀。

言必行，行必果。“千亩药材”的引入，直接解决了三十多户村民在家门口上班的问题。

趁热打铁，李桂芳又瞄准了三十多亩依然沉睡的荒山，她决定利用打造兰子全域乡村旅游的契机，实施“一片竹果林”创意，让杨梅、水蜜桃等果业种植经济生根发芽。

古老的兰子，在与时间的交手中，悄然发生着惊艳之变。

↑ 兰子村的集体经济种植基地

三

一棵秀颀挺拔的白杨树下，坐落着贫困户陈茶花的家。

村子的名字很有意思，叫新农村，与当下的秀美乡村建设相契合。不过，陈茶花却是个苦命人，丈夫刘飞仔 2015 年正月离世的时候，她还不到六十岁，两个儿子的状况，更是时时折磨着她的心。生于 1977 年 3 月的大儿子刘金锋先天性肢体残疾，只能依靠双手支撑着地面移动身体行走，长年累月困在家中。小儿子刘传华是个“80 后”，有点智力障碍，不善于交际，像个闷葫芦，一直找不到合适的工作，成天游手好闲。

李桂芳第一次登门，便震撼了。她刚刚在厅堂坐下，一阵“咔嚓咔嚓”的声响传来，刘金锋以手撑地，坐在一块装着滑轮的木板上，从隔壁的卧室探出半个身子，歪着脑袋，朝着她呵呵憨笑。白发黑脸的陈茶花尴尬地埋下了头。

由于刘飞仔的离世，家里的顶梁柱轰然倒塌，导致一幢三房一厅的红砖房只建了一层，墙壁还是毛坯。李桂芳看得心酸，她决定留下来吃晚饭，与陈茶花好好唠一唠，看看如何帮助这个家庭走出困境。

听说书记要在自己家里吃饭，陈茶花一方面激动得直搓手，一方面惴惴不安，因为家里只有几样蔬菜，她想出去买点猪肉，被李桂芳一把拽住：“大姐，你们吃啥，我就吃啥。”两人一边聊天，一边淘米洗菜，像一对难得见面的好姐妹。

饭桌上，李桂芳建议陈茶花加入谷英养牛合作社，每年每户可分红一千多元。陈茶花满口答应。说着话，李桂芳将二十元钱塞到了对方的手上："这是饭钱，别嫌少。"

陈茶花跳了起来，慌忙塞回去。

李桂芳假装不高兴道："大姐，如果你不收，我以后就不敢来你家了。"

昏黄的灯影下，陈茶花盯着那张亲切的脸，一阵温暖。

没过几日，李桂芳便联系了装修队伍上门粉刷墙壁。眼见得家里转眼变得亮堂堂的，陈茶花欢喜得直抹泪。

惊喜还在后头。一台电热水器很快送进陈茶花的家门，一家人终于洗上了热水澡。陈茶花也被安排在一个公益性岗位，担任本村的保洁员，每月有七百元报酬。逢年过节，李桂芳必然提着米油来走她这门亲戚。

那年春节过后不久，李桂芳提着大包小包前来走访。她挑出一件新棉袄，兴冲冲地招呼陈茶花试穿，谁知，棉袄的尺寸竟然小了。刹那间，李桂芳像泄气的皮球，很是懊丧。或许急于弥补什么，几天后，她连夜登门，送来了一张新床、几张凳子。

陈茶花感动不已，觉得无以为报。李桂芳眨眨眼："大姐，你可以教我做灯盏粿呀。"

陈茶花满以为李桂芳只是一句玩笑话，没想到，李桂芳还真是言出必行，买来一袋原料，虚心请教，做起了学生。

兰子人有做灯盏粿的传统，陈茶花做灯盏粿的手艺不错。她用石磨将大米磨成浆，然后放在锅里熬成粿胚，再捏成灯盏形状，下一步，以新鲜香菇、猪肉、黄豆芽等制作馅料，添馅于灯盏外皮中，放入竹制小蒸笼里，用大火蒸半个小时左右，厨房里，飘出阵阵香味。掀起蒸笼，陈茶花在馅上淋了一层薄薄的熟猪油，这才说道："好了。"

李桂芳发现，做灯盏粿的陈茶花别有一番韵味，不再是那副凄苦无助的样子，而飞扬着一种自信。李桂芳品尝了一口，立马向陈茶花竖起了大拇指。

这一顿灯盏粿，给全家人带来满满的欢乐。刘金锋坐在滑轮平板上，边吃边傻笑，一副满足状。

楼底组的贫困户兰玉更是兰子村党支部副书记张旺生的同学。张旺生遗憾地告诉李桂芳："兰玉更在家里排行老三，从小聪明伶俐，学习成绩拔尖。谁知人有旦夕祸福，读初中时，住校的兰玉更从上铺摔下来，从此变得又憨又傻。"

2017 年 9 月 10 日，李桂芳在同事的陪同下，给兰玉更送去月饼和食用油。她发现兰玉更的房间墙壁上到处是小洞，很是觉得奇怪。兰玉更的老父亲兰英珠悄悄把她拉到一边，还未张口，眼泪珠子"吧嗒吧嗒"直往下掉，他说，这都是儿子半夜发病，用铁锹、锤子敲打出来的。兰英珠已是八旬之身，老伴吴大姘也过了七十六岁生日，他们无法想象，一旦百年之后，谁来照顾兰玉更。

李桂芳半晌说不出话来。

回到村部，李桂芳叫来张旺生等人碰头，一起商量如何帮扶兰玉更这个家。

当务之急，自然是看病。张旺生介绍说，只要按时服一种药，可以抑制病情发作。李桂芳指定张旺生负责对接药品及报销事宜。

其次，筹集一笔资金，对兰玉更的房屋进行适度改造，在屋顶盖起灰色琉璃瓦，将墙壁重新粉刷一新。

然后，李桂芳亲自出马，买来一台彩电、一组衣柜、一个菜橱、一套液化气灶具，将钢瓶灌满液化气，用小货车送到了楼底组。

至此，兰玉更的家彻底"脱胎换骨"。兰英珠、吴大姘的老脸乐开了花。兰玉更虽然不懂得如何表达，但也摸摸电器，敲敲雪白的墙壁，进进出出，兴奋地仿佛刚刚中了大奖一般。

张旺生告诉兰英珠、吴大姘："李书记已经给玉更安排了楼底组的卫生监督员工作，一年可以拿三千六百元的报酬。”

老两口再也控制不住感情，眼圈红红的，抬起衣袖直抹眼睛。

四

兰子村部办公楼的三楼，是一个会议室，右侧顶端，便是李桂芳的卧室。里面除了一张床、一张小桌子、一把椅子，别无长物。从窗口远眺，雷龙山仿佛一座绿岛，植被匀称饱满，它与一畦畦田地和谐地构成画面，而窗子俨然画框。

李桂芳打心眼里喜欢这幅画面。每天，鸟声从这画面里传出，啁啾婉转，使得日子在重复中生出一种新意。

办公室设在一楼，村民们一进村部，往往在右边第一间房子里就可以找到李桂芳。桌上，放着一块“横峰县兰子村第一书记公示牌”，上面有李桂芳的照片、姓名、选派单位、手机号码，醒目地写着几行字：“当好：党建工作的领头人，脱贫致富的引路人，服务群众的贴心人，和谐稳定的维护人。”一个个文件盒里，装着七个自然村所有贫困户的详细资料。翻开贫困户档案卡，吴雪林、陈荼花、兰玉更……一个个名字，像一声声叮咛，也像一个个使命。左上角，放着李桂芳工作之余常常翻看的两本书，一本是《善行启示录》，一本是《红色旅程——上海》。李桂芳好学不倦，对畲族的历史、文化、风俗、服饰等也注重钻研，在与兰子村民打交道的过程中，她知道了畲族忌吃狗肉、蛇肉、猫肉，更不能用筷子打猫，到别人家做客时，不能将点心吃光，应有所剩余……

了解了这个民族的发展和演变史，李桂芳更加善于跟畲乡人交朋友。

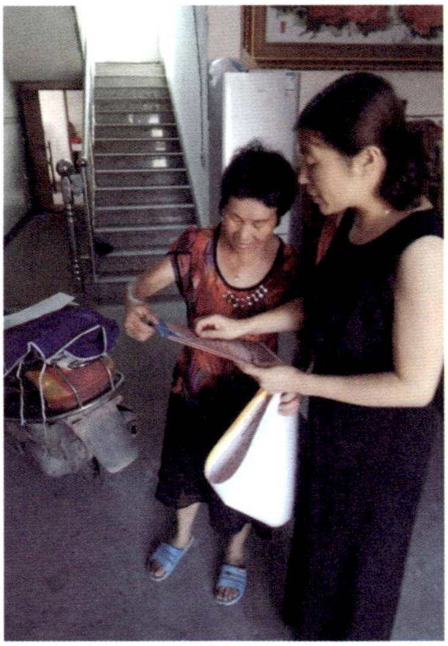
↑ 李桂芳（右）向贫困户讲解扶贫政策

爱穿红衣服的李桂芳，也成了兰子人心目中的红杜鹃，美丽、奔放，从不矫揉造作。

在贫困户廖正兰的心目中，李桂芳更像是一个贴心的闺女。

年近七旬的廖正兰一家共三口人，其中老伴和四十来岁的儿子都患有肺结核，缺少劳动力，生活拮据，成为远近皆知的困难户。李桂芳上任兰子村第一书记不久，便听说廖正兰家已经三年没有看过电视了。

左手提着大米，右手拎着食用油，李桂芳看望廖正兰一家来了。恰好廖正兰正为儿子的医药费发愁，李桂芳毫不犹豫地将身上的九百五十元钱全部塞到了老人的手上。

扶贫光靠“输血”非长久之计，还得“造血”才行。李桂芳跟村“两委”干部合计后，给廖正兰争取到一个村保洁员的公益性岗位，并帮助她家加入了谷英菜牛养殖合作社，当年便分红两千六百元。2017 年 11 月，李桂芳从朋友家里扛来一台七八成新的彩色电视机，送进廖正兰的家。她自己掏钱请人安装了网络，让廖正兰一家看上了数字电视，这个冷清的家庭，开始有了图像、音乐……看见了外面精彩的世界。

楼底组的村民朱香因未评上贫困户，想不通，多次扬言要上访。朱香本是一个头脑灵活、手脚勤快的女人，丈夫常年卧病，干不了重活，一家生计靠她走村串户做点小生意。在好事者的“怂恿”下，朱香执拗地要求当贫困户，以期解决家里的困难。村干部为此屡次登门做思想工作，奈何对方毫不妥协，总是无功而返。

李桂芳没有霸王硬上弓，蛮干，而是跟朱香攀起了姐妹，有事无事上对方家里聊天，家长里短，柴米油盐，无所不谈，当然，也聊党和国家的扶贫政策。言者有意，听者用心。感觉水到渠成了，李桂芳这才打开天窗说亮话："有困难找政府是对的，但缠访闹访的方式不可取，我们大家一块帮助你，哪有过不去的坎呢？"

朱香原先是一时冲动，并没有"不劳而获"的思想，听了李桂芳的一番话，她很快打消了当贫困户的念头。兰子村的乡道上、村庄里，又响起朱香做生意的吆喝声。

七十多岁的兰林化是兰子村的"土秀才"，热衷于民族文化保护，曾经参与编写了《横峰民族风情实录》一书。兰林化丧妻多年，早些时候体弱多病，成为村里的低保户。随着儿子长大，成为壮劳力，家里慢慢过上了好日子，建起了楼房，买起了小汽车。按照精准扶贫工作的要求，显然，如果再评兰林化为低保户，群众肯定不服气。为此，村干部轮番上门去做工作，但老人心中有疙瘩，沟通效果不佳。

大伙一时没辙了。怎么办？

那个黄昏，远山如黛，风吹竹林，如窃窃私语。李桂芳独自前来拜访兰林化。

"兰老师，我替县政协向您约稿来了。"李桂芳笑嘻嘻地道。

兰林化原本对李桂芳这些日子在兰子村的打拼了如指掌，心存钦佩。一听李桂芳说到写作的事，老人的眼睛就激情燃烧。的确，他的肚子里装满了畲族的故事，关于畲族的史诗《高皇歌》，关于畲族的传统头饰"凤冠"，关于畲族的民间传说《天眼重开》。对于楼底蓝家农民暴动领头人蓝长金、红军八十二团青年政委蓝广平的革命故事，兰林化也能娓娓道来。他有个愿望，就是在有生之年，将兰子畲族的奋斗史整理出来，将兰子的山水村落一一描述出来。

聊着聊着，话题落在了当下的脱贫攻坚上。兰林化对兰子的巨变十分欣慰，毕竟，这是生养自己的热土。看着家园的道路畅通无阻，看着家园的建筑越来越美，看着坞石塘村寨、畲族风情体验馆、兰子公园、礼孝东山等一批乡村旅游景点陆续建成，村村有花有果，处处有景有乐，老人的心里像蜜一般甜。

“兰老师，我等着您把兰子的故事写出来，既可以宣传兰子，也可以赚稿费，一举两得。”李桂芳诚恳地说。

兰林化、李桂芳像一对父女，聊得很是投机。当李桂芳旧话重提，说到退出低保户一事时，兰林化一口答应了。

几天后，村里召开民主测评大会，兰林化率先做了表态发言，要求退出贫困户，希望将指标让给更困难的人。老人的发言，赢得了满场的掌声。

一千二百四十三个扶贫的日子里，李桂芳成为贫困户们货真价实的亲人，而对待自己家的亲人，她欠的账却越来越多。

张旺生记得，2018 年五六月间，李桂芳的母亲、婆婆都生病了，她得白天蹲在兰子，晚上煲好一罐营养汤后，再送往医院，在病榻旁支起一张简易折叠床，精心陪护老人。由于李桂芳不会开车，往返得乘坐乡村巴士，常年奔波两地。有一次，工作得太晚，错过了最后一班车。张旺生得知后，主动开私家车送她回县城，下车时，李桂芳忽然转过身，将三十元钱塞到了他的手中。凝视着那个熟悉的背影，张旺生呆呆地坐了半晌……

五

2018年年底的一天，李桂芳、兰秀根带着村“两委”干部和扶贫队工作人员再次来到楼底组的星火广场，缅怀弋横武装暴动中的先烈们。

凝视着那座耸立的门楼，李桂芳默默读着对联：“求解放同仇敌忾，打土豪众志成城。”她的眼前，仿佛浮现出1927年12月10日那个夜晚的壮阔情景：五百多人举着火把，聚集在星火广场上，请方志敏同志下达起义命令。

“兰子是个好地方，我们没有理由不建设好。”李桂芳轻轻对兰秀根说道。

兰秀根“嗯”了一声，一副心事重重的样子。

李桂芳看了他一眼，觉得有些奇怪，悄悄问了一句：“秀根书记，你身体不舒服了？”

兰秀根苦笑，道出了原委。横峰县政府部门实行机构改革后，李桂芳由县民族宗教局局长转到县政府办公室担任副主任，兰秀根听到传闻，李书记很快要离开兰子村了，他这些天正为即将失去一位良师益友的教诲感到难过。

“秀根书记，你想多了，请放心，兰子畲族村只要有一人不脱贫，我就一天不会卸任这个第一书记。”李桂芳毫不犹豫地给兰秀根吃了一个定心丸。

然而，李桂芳终究“失信”了。

2019年6月28日，扶贫路上的“拼命三娘”李桂芳突然晕倒在岗位上，经抢救后，又因病毒性心肌炎术后并发急性脑梗塞，不幸于7月7日晚上去世。其生命，永远定格于她参加扶贫工作一千二百四十三天的这个日子。

有谁知道，即便躺在病榻上，李桂芳还“央求”丈夫：“向阳，你给我们领导打个电话请下假，原谅我给大家拖后腿了，村里扶贫的事还有好多没做，我隔了好些天没去看他们了……”

无论红尘滚滚起，一片冰心在玉壶。

康德曾经说过，在这个世界上，有两样东西值得我们仰望终生，一是我们头顶上璀璨的星空，二是人们心中高尚的道德律。

对于兰子畲族村的老百姓而言，李桂芳就是他们的“星空”，从这个“星空”里，他们看到了这个村庄的明天，也看到了这个国家的明天。

2019年7月26日，《江西政协报》刊发了一首诗歌《致敬，李桂芳！》，其中有这样的诗句——

星空因其寥廓而深邃，
道德因其庄严而圣洁，
李桂芳虚弱的身体里，
总能迸发出一团火，
传播着温馨和温暖。

六

又是一个春天，百花齐放，万木吐绿。

2021 年 2 月 25 日上午，全国脱贫攻坚总结表彰大会在庄严神圣的人民大会堂召开，会上，李桂芳被授予“全国脱贫攻坚先进个人”。之前，她还被评为“敬业奉献”江西好人。其丈夫廖向阳感言道：“这些荣誉，不只是桂芳一个人的，是全县乃至所有参与扶贫事业的人共同的荣誉。”

2021 年 3 月 10 日，廖向阳与女儿廖希昂将全县干部群众当年为表达对李桂芳的怀念之情而自发捐助的三十七万四千二百五十九元全部捐赠给横峰县红十字会。

↓ 横峰县畲族兰子村一景

“我的父亲廖向阳和我本人，决定把这笔钱回馈给母亲生前挥洒汗水的热土，让这笔爱心款发挥最大的作用。”廖希昂深情地说。

爱，是一支需要每个人高高举起的火炬。

爱，需要传承。

走进今日的兰子畲族村，山清水秀，草木争绿，俯仰皆图画，一村一风景。这是一个桃源圣地。这是一个秀美乡村的样板。李桂芳生前的愿景，正成为活泼泼的现实。

兰子村村部一楼，李桂芳曾经工作的办公室还保留着原貌。有空时，兰秀根经常会到这儿静静地坐一会儿，眼前，又出现李桂芳穿着红衬衫、牛仔裤的模样，像兰子村周边山岭纵情绽放的红杜鹃。他一直保留着李桂芳的手机号码，舍不得删除。有时候，遇到棘手的难题了，兰秀根会情不自禁地翻出那个号码，拨了一下，又立马挂断，眼圈忽然红了。

有的人，注定会成为永恒。

父老乡亲几乎都这么认定：李桂芳已经是兰子村的一部分了，就像漫山遍野的杜鹃花，她从来不会孤单。

11

旗帜

一

7月的火炉南昌，蝉鸣如雨。

这一天，位于永外正街17号的南昌大学第一附属医院住院部走进几位行色匆匆的青年女子，领头的是上饶市信州区秦峰镇党委委员詹秀婷，其身后，跟着镇扶贫站的负责人邱丽芳及工作人员应亚菁，清一色的娘子军。她们此行，是专程前来探视突发疾病住院的秦峰镇分管扶贫工作的副镇长许大龙。

那天,2019年6月24日，不爱求人的许大龙推开詹秀婷办公室的门，破天荒地说:“詹委员，麻烦你顶一下我的工作，我想去医院检查一下。”詹秀婷这才意外得知，从今年5月以来，许大龙已经连续低烧一个多月，虽然服用了退烧药，却一直没有好转，而类似这样的情况，2018年也曾经出现，持续长达两个多月。詹秀婷担忧不已，建议他立即去上饶市里的医院全面检查一遍。许大龙哈哈一笑:“别操心，应该没大碍。我忙完这两天就出发。”

像往常一样，许大龙按照计划先去了新塘村孔家山组看望贫困户刘芳，宣传扶贫政策；之后，赶到茶树菇种植基地，见菌菇长势喜人，他格外高兴；再后来，许大龙前往重度贫困村——老坞村，了解贫困户在爱心扶贫超市用积分兑换商品的情况……这一忙，脚不沾地，累得偌大块头的许大龙直捶背。

眼看着就要进入子夜，正准备休息的秦峰镇党委委员徐尚建忽然听到手机收到短信的提示音。原来，许大龙高烧严重，实在扛不住了，只好向老朋友求助。徐尚建与许大龙以前一同在朝阳镇工作，徐尚建任武装部副部长，许大龙为民政所所长，两人交情匪浅，更有缘的是，他们于2016年6月通过“三类人员”（乡镇事业编制人员、优秀村干部、大学生村官）副科级选拔考试，同一批提拔，许大龙调到秦峰镇担任分管扶贫工作的副镇长，徐尚建在担任朝阳镇人大常委会副主席不久后，也来到了素有“夏布之乡”美誉的秦峰镇，负责组织口的工作。

徐尚建二话不说，立即开车送许大龙前往上饶市人民医院。新320国道在车灯的闪耀中，像一把锋利的剑，不断劈开山岭和夜幕。有蛙声从稻田里传来，晚风将夏天吹向成熟期。徐尚建全神贯注地盯着前方，马达声像黑色的漩涡划开夜的玄色袍子。一直沉默的许大龙打破了平静：“尚建，咱们下周末去郑田军家看看吧，他身体不好，在外面打工，负担太重，小孩的低保还没有办下来，看看我们能帮这个家做点什么。”徐尚建应了一声，转而生气地道：“你先别想这样那样，身体是革命的本钱，人到中年，不能掉以轻心，别老是硬撑着！你都吃了三四十天的药，怕是没那么简单啊……”沉默片刻后，许大龙讪笑道：“伙计，你想多了，就我这体魄，还怕个头疼脑热？”

然而，事情果然如徐尚建所言，许大龙的病情没有那么简单，上饶市人民医院全面检查后，为慎重起见，建议火速转往南昌大学第一附属医院，很快，省城的专家确诊——许大龙患上了淋巴瘤并噬血细胞综合征。这一躺，就是一个月。

出于综合考虑，詹秀婷决定不与许大龙见面。病房里，她们悄悄地站在透明帷幔外，从缝隙间默默凝视着那个熟悉的人。许大龙躺在病床上，似乎在睡觉，却又睡不安稳，辗转反侧，有些焦躁，时而掀动着被子。詹秀婷的眼一酸，才多久的时间呀，大龙的脸瘦削了许多，憔悴了许多，那个结实健壮、生龙活虎的大龙不见了。

“许大哥，我们姐妹们看您来了，希望您能快些好起来。”邱丽芳的心如锥击，暗暗祈祷。脑海中，闪现着一组组往事的镜头。夤夜里，许大龙将扶贫站加班的姑娘们一一送回家中；月光下，许大龙踏访贫困户归来，以方便面充饥，擦把脸，便立即整理收集到的信息。2017 年上半年，在全国开展脱贫攻坚突出问题整改期间，许大龙与扶贫站的工作人员一道，遍访全镇六百多户建档立卡贫困户，加班加点，连续三个月没有休息，对相关信息逐一过筛，做到精准翔实、一目了然。

此时的许大龙沉浸于一个美好的梦境之中。他梦见自己又一次与同事们走进西施故里诸暨，学习“枫桥经验”。那句“小事不出村，大事不出镇，矛盾不上交，就地化解”萦绕耳际，自治、法治、德治、心治、智治“五治融合”的治理方式令他醍醐灌顶、茅塞顿开。与老百姓打交道，为那些弱势群体排忧解难，是多么神圣而光荣的使命。“高尚是高尚者的墓志铭。”恍惚间，他走到那面鲜红的党旗前，情不自禁地举起了右手……

↑ 许大龙（前排中）与同事们开扶贫工作讨论会

许大龙并不知道，有多少同事、群众悄悄地透过帷幔的缝隙深情地守候过他，他们不想让这位曾经的硬汉背上心理包袱，他们只想以这种方式表达敬意和祝福。帷幔外，有人默默走了，又有人悄悄走来，这道特殊的风景，成为很多在场者永生磨灭不去的记忆。

其实，在生命的最后日子，许大龙尤为牵肠挂肚的是两个孩子，大女儿安安就要读高三了，小女儿刚刚满两岁。跟孩子视频聊天，曾经是许大龙的幸福时刻，可是，如今躺在病榻上，形同废人，他心急如焚。孩子在叫："爸爸快回家，爸爸快回家。"许大龙一边念叨着"乖，听话"，一边背转身，抱着枕头啜泣……

二

泡桐树上，繁花如雪。几场雨过后，池塘里的水涨起来了，连草木、房屋、山坡的倒影也似乎变得饱满。

新塘村孔家山组的村民刘芳像往常一样，去孩子的房间收拾。女儿在读五年级，儿子在读二年级，丈夫郑田军远在浙江永康做泥水工，身患甲状腺癌的刘芳则留在家乡陪护两个孩子。

桌上，摊着一张女儿在双休日完成的蜡笔画，画面上，两个孩子正在放风筝，他们快乐地在草地上奔跑。一丝笑意爬上刘芳的眉梢，然而，当视线落在那盒蜡笔上时，她的笑容霎时僵滞了。蜡笔，是秦峰镇副镇长许大龙赠送的。

说起来，刘芳也算是个"苦命女人"。二十四岁那年，经人牵线搭桥，在萧山务工的沙溪镇姑娘刘芳与在慈溪做事的郑田军相识相爱了。谁知天有不测风云，正当刘芳憧憬着未来的时候，意外比明天先一步到来，她无意间发现自己的脖子肿大，不知所以，旁边有人提醒抓紧上医院。刘芳来到上饶市肿瘤医院一查，竟然是甲状腺癌，这个结果如同晴天霹雳，把她打蒙了。郑田军得知这一情况后，没有打退堂鼓，而是坚决将刘芳迎娶进了家门。自从父母去世后，郑田军很长时间没有露出笑脸，自结婚后，贫寒的家，终于又有了欢声笑语。

2018 年下半年，刘芳在跟丈夫通电话时得知，郑田军近来吃不进饭，像得了厌食症，她莫名地紧张起来，催促丈夫速回江西进行体检。两口子赶到上饶市市医院，没有查出病因，他们只好准备转投省城的南昌大学第一附属医院。刘芳对农村医保政策、手续并不清楚，情急之下，打电话向许大龙求助。许大龙劝慰道："别慌，我来办理转院手续。"在许大龙的帮助下，夫妻俩顺利登上前往南昌的火车。

诊断结果很快出来，郑田军患上了慢性乙型病毒性肝炎。这对于本来就不宽裕的两口子而言，无疑是雪上加霜。接到刘芳哭诉的电话，许大龙耐心地抚慰了她许久，说："办法总比困难多，你先安心给田军治病，后续的事咱们一起来面对。"

由于治疗效果不佳，郑田军心灰意冷，起了打道回府的念头。刘芳一时也拿不定主意，在电话里不经意间给许大龙提了一嘴。令他们始料不及的是，第二天，许大龙放下手头的工作，风尘仆仆地奔赴省城探望来了。一打照面，许大龙便批评郑田军不该动摇，更不该做"逃兵"，而应该积极配合治疗，做儿女的表率。

"你们放心，我这回联系好了江西省人民医院，马上办理转院。"许大龙安慰说。老实巴交的郑田军握着这位可亲可敬的兄长的手，忍不住泪珠滚落。

两个月后，郑田军康复出院，回到了孔家山。他和妻子前脚刚进屋，后脚便走进那个熟悉的高大身影，许大龙一手提着水果，一手抓着一个深色大袋子，爽朗的笑声回荡在厅堂。他告诉刘芳，已经在安排她负责保洁保绿公益性岗位，每月三百元，钱不多，但可以兼顾孩子、补贴家用。许大龙一边说着，一边将深色袋子塞到刘芳的手上，里面，有毛衣，有风衣，都是许大龙亲手挑选的过冬衣物。

这年除夕，许大龙送来一床新被子和五百元钱，特意叮嘱郑田军："别急着出门打工，在家多休息，身体最重要。你儿子的低保问题，我们已经在着手准备相关材料，争取给你解决后顾之忧。"言犹在耳，郑田军、刘芳如何也想不到，他们的帮扶干部许大龙，几个月后便与世长辞了。

睹物思人，刘芳的眼眶里汪着泪，她清晰地记得，自己的女儿聚精会神地画画时，许大龙喜欢默默站在一侧，目不转睛地盯着，表情丰富。他说，自己的大女儿小时候学画画，也是这个模样。

风吹桐花，清香远溢。有时候，刘芳站在屋檐下，呆呆地想，许镇长的大女儿长得到底是什么样子？

新塘村石塘山组的周爱娟与刘芳可谓同病相怜。2017 年 6 月，周爱娟的丈夫叶永平突然休克，送上饶市第五人民医院抢救后，诊断为尿毒症，血小板几乎所剩无几。顿时，周爱娟感觉天旋地转，手足无措。许大龙获悉后，立即联系医生实施救治方案，后来又帮助叶永平转入上饶市中医院。叶永平一住便是两个多月。当时，周爱娟的两个小孩才八九岁的光景，老母亲得到消息后，特意从广丰区赶来带孩子。

那天，许大龙匆匆赶到医院，送来三百元钱。他一脸歉意："从村庄里直奔这儿，身上没带足现金，这点心意，权当买水果吧。"周爱娟想推辞，许大龙告诉她：钱是身外之物，一家人平平安安就好。

许大龙去世之时，周爱娟正陪护着住院的丈夫。她无意在"茶树菇种植基地群"里得知许大龙英年早逝的噩耗后，止不住掩面而泣，对叶永平叹息道："这么好的干部，咋走得那么急？"

叶永平掉过头，面朝着白花花的墙壁，一串泪滴无声滑落。

如此无言的结局，绝非谁人所愿，但现实，总是这般残酷。

三

站在老坞村村部二楼的会议室窗口边往外看，映入眼帘的是几树碧绿。右前方的校园里，不时传来天真无邪的笑声。

工作之余，村支书兼村委会主任祝洪满喜欢凭窗站一会儿，松弛一下紧张的神经，释放一下情绪。场景依旧，只是，那个熟悉的人再也不会来了。

2016 年 6 月，刚刚担任秦峰镇副镇长的许大龙走进了这个全镇“谈虎色变”的贫困村。村组之间，是坑坑洼洼的泥巴路，全村的水泥路加起来不到三公里。山塘水库这个重要的水利工程，堤岸破损严重，水渠荒芜，杂草丛生。土坯房、危房的现状令人担忧。一路调研下来，许大龙的眉头拧成一个深深的“川”字，他感到了一种深深的不安。记得少年时观看豫剧《七品芝麻官》时，里面有句台词说得好:“当官不为民做主，不如回家卖红薯。”作为“十三五”省级贫困村的老坞村太落后了，百姓利益无小事，必须改变这种被动挨打的局面。许大龙将老坞村的实际情况如实向上级汇报，开启连轴转的工作狂模式，没日没夜地到处“化缘”、跑项目、跑资金。一瓶矿泉水，一袋面包，奔走在十丈红尘之中。这，就是许大龙的日常。

“四年间，通过大龙副镇长的努力，老坞村立项三十一个，投入六百三十多万元，基础设施实现了天翻地覆的变化。曾经的贫困村，如今是信州区的后花园。”在多个场所，瘦瘦高高的祝洪满抠着手指头“算账”。说着说着，祝洪满潸然泪下，脑海里全是许大龙高大壮实的形象。

荞麦坞自然村的青年朱良寿说得更为直接：“没有许镇长，就没有我的今天。”

生于1982年的朱良寿初中毕业之后，前往浙江做泥水工。偶然间，他被查出患有心血管脂肪瘤，便于2014年回到秦峰镇。不料，祸不单行，妻子向朱良寿提出离婚，毫不留恋地拍拍屁股走人。一双急于交纳学费的儿女只能眼巴巴地盯着父亲。

一分钱难倒英雄汉。夜色里，心急如焚的朱良寿在村前的水田间游荡，六神无主。他不断捶头，恨自己的无能，恨自己的懦弱。

许大龙很快知道了朱良寿的苦恼。他立即赶到老坞村，与祝洪满一碰头，决定叫来朱良寿一起开“诸葛会”，用“头脑风暴法”找一条适合创业的路子。

怎么办？朱良寿是建档立卡贫困户，一无特长，二无技能，三无资金，家庭负担重，可以说一穷二白。万事开头难啊，大家陷入深思……

正当一筹莫展之际，朱良寿一激灵，好像忽然想起什么，吞吞吐吐地道：“有朋友曾经约过我去创业，跟他一起搞来料加工，加工的业务主要是制作假发和饰品，操作比较简单。”

许大龙的眼睛亮了，一拍大腿：“行，咱就尝试做这个！”

说干就干。在许大龙的协调和帮助下，2017年7月，朱良寿拿到了营业执照，申请了五千元创业基金，以家为作坊，做起了来料加工的营生。在乡亲们信疑参半的目光里，许大龙挨家挨户登门宣传解释，劝说那些贫困户跟随朱良寿一块儿干。朱良寿挑选了十二人参与创业，其中八人是建档立卡贫困户，薪酬方面实行计件，量力而行，多劳多得。

朱良寿摇摇晃晃地出发了。他憋足一股牛犊劲，稳打稳扎，闯荡出了自己的一片精彩天地。2018 年 10 月，朱良寿摸着后脑勺找到许大龙，表达了扩大产业规模的愿望。许大龙当然兴奋，亲自出马，陪着他到上饶农商银行秦峰支行，再次帮助朱良寿解决了四万元无息贷款。朱良寿趁热打铁，为三十五位村民提供了就业岗位。

不知不觉，家门口的桃花盛开了，一树树，烂漫、芬芳、绚丽。竹林间，鲜笋日夜生长，转眼便一人高了。每当见到这生机勃勃的情景，看着埋头干活的乡亲们，朱良寿便感慨不已，这一切，仿佛梦境。朱良寿后来才知道，在替自己的产业奔跑操心时，许大龙竟然已经连续低烧了两个多月。

朱良寿发现，别看许大龙块头大，心却细得像个姑娘。荞麦坞组有个叫朱发亮的单身汉，六十多岁，天生智力障碍，生活自理能力差，整天脏兮兮的。许大龙只要来看朱良寿的来料加工作坊，必然去朱发亮家里转一转，送上几件衣服，操起扫把将老人的房前屋后整理干净。朱发亮的眼里放光，嘿嘿地憨笑，一会儿看看这个，一会儿瞧瞧那个，似乎很喜欢这种热闹。每次忙完，许大龙会在屋檐下的板凳上小坐，跟村干部聊一聊朱发亮的近况，他轻声叮嘱祝洪满，一定要落实好朱发亮的五保户待遇，尽力给老人一个像样的晚年。言者无意，听者有心，朱良寿心间暖洋洋的，他忽然涌起某种使命感，一定要好好地把来料加工这件活干漂亮，不要辜负了许镇长，不要辜负了乡亲们。

前几年，老坞组的建档立卡贫困户郑开明过得实在苦，妻子因癌症撒手人寰，他为此欠了一身外债，两个孩子还在读书，日子过得紧巴巴的。郑开明那张脸，成天阴郁得像黑云。这穷日子，何时是个头呀？

那天，郑开明无意听到一个消息，附近的大石自然村有位养鸽专业户因车祸离世，家人想将两千羽鸽子转手。他很是心动，可是转而一想，自己哪里拿得出这么一大笔钱啊，刚刚滋生的念想，顿时像霜打的茄子，蔫了。

许大龙却惦记着郑开明脱贫的事，从祝洪满那儿得知郑开明的想法后，他意识到，这是一个切实可行的致富方案。许大龙连夜登门，与郑开明商量细节，并设法解决了四万元无息贷款。郑开明的养鸽梦，终于成为现实。是年，他获利八万多元，还清了债务，还扩大再生产，养鸽规模翻了一番。

吃水不忘挖井人，郑开明逢人便说："我有今天的好日子，真要感谢大龙啊。"

某贫困户的孩子小郑从大学毕业以后，因专业、个人性格等原因，一直没有找到称心如意的工作。屡遭挫折，备受打击的小郑开始泡网吧、玩游戏，大有自暴自弃的苗头。许大龙得知这一信息后，约上祝洪满前去家访，跟小郑促膝谈心。

"你不能再玩下去了，否则真毁了"，许大龙说，"我建议你参军服役，到部队这个大熔炉里去锻炼，百炼成钢，练出一个好样子，给全家人一点希望。"

每个人都渴望尊严，接受过高等教育的小郑自然更是如此。浪子回头，血性回归，小郑满口答应。顺利通过体检后，小郑前往昆明某部队服役，由于表现良好，受到部队领导的好评。

不知不觉间，老坞村大变样了，变得山清水秀，整洁明亮，鸟鸣境更幽，人在画中游。面对巨变，祝洪满的心里更加内疚，在许大龙生病期间，由于忙着抓扶贫工作，他一直未能抽身去南昌探望，谁知，一转眼的工夫，竟然成为永别。

春风里，校园方向传来孩子们的朗读声："少年智则国智，少年富则国富，少年强则国强，少年独立则国独立，少年自由则国自由，少年进步则国进步。"

← 信州区秦峰镇老邬村村部

祝洪满明白，思念一个人的最好表达，是把他的接力棒传递下去。他在心里默默地说道：大龙，放心吧，你挂念的老坞村，明天会更美。

四

2018 年 8 月 1 日，信州区防震减灾局副局长杨忠朝担任驻秦峰镇东塘村第一书记。作为脱贫攻坚战线上的新兵，他挠头了，自己对相关政策、办事流程都十分生疏啊。

许大龙拍拍他的肩膀：“别担心，我们一起商量着办。”

说到做到，那段日子，许大龙有事没事蹲在东塘村，指导杨忠朝召开村民会、替贫困户办理创业贷款，带着他转遍全村三十三户贫困家庭。

杨忠朝暗暗惊叹，许大龙竟然对这些贫困户的情况了如指掌。无意中，他发现许大龙的记录本上密密麻麻写着什么，有的还有图案。

踏遍东塘村，杨忠朝心里有谱了，他想从道路入手破题。俗话说：要想富，先修路。从新320国道进入东塘村的两公里水泥路已经破旧不堪，村民盼望有关部门能够翻新。杨忠朝把想法透露给许大龙，得到对方的赞成。可是，杨忠朝跟交通部门不熟悉，感觉心有余而力不足。许大龙笑眯眯地眨眨眼："我去试一试。"令杨忠朝叹服的是，这项工程很快上马，交通部门投入一百二十万元，从10月份启动施工，12月份便圆满竣工。

贫困户郑培寿是个五保户，手脚残疾，原有的地基出让给了其兄长，自己没有房子，寄居于兄嫂家中，处境十分尴尬。许大龙得知后，利用晚上主持了协调会，为郑培寿争取到四万元"交钥匙"工程资金，在其兄长楼房之侧建了一间琉璃瓦房。交房那天，看着亮堂堂的房子，摸着煤气灶台，郑培寿乐得合不拢嘴，连声说："做梦一样，做梦一样。"

目睹这一切，杨忠朝向许大龙颇有感触地说："我忽然有一种感觉，扶贫工作虽然辛苦，但扶贫者会变得越来越有情怀。"

许大龙点头称是。

不知为何，分管脱贫攻坚工作后，他特别喜欢在早晨看中央电视台里的升国旗、奏国歌仪式，凝视着那面猎猎飘扬的红旗，内心变得强大起来，与贫困户交往的点点滴滴像小溪流一般淙淙流淌而来……他越来越像个办事员，对产业扶贫、征地补偿、退耕还林、危房改造等涉农资金的核实、审查、兑付，坚持亲自过问、经手。他屡屡提醒扶贫站的同志："国家发给老百姓的每一分钱，都要及时发下去，我们要负好责。"

低调的许大龙，悄然发生着不经意的变化，他着迷于发微信朋友圈了。

——老坞村朱良寿身残志坚勇创业，发展来料加工产业，自己脱贫的同时还带动周边多人就业。

——新塘村徐忠柱因病致残，却不等不靠，开起爱心扶贫超市，发展蔬果种植，生活过得有声有色。

——秦峰村赵顶熊与妻子起早贪黑经营早餐店，凭借辛勤付出，成功摘帽脱贫。

——即便透支自己，看到贫困群众脸上的笑容，所有的苦和累都值得。

——上午，向领导汇报扶贫攻坚工作。下午，回村带村干部实地了解产业发展情况。晚上，走访贫困家庭。

三年零一个月，一千一百二十五天，一千多条朋友圈，忠实记录了许大龙走遍秦峰镇六百一十三户建档立卡贫困户的足迹，记录了他在扶贫路上的点点滴滴。他如是“炫耀”：虽然苦点，但觉幸福。他如是叮咛自己：做一个有家国情怀的人。他如是思考：脱贫攻坚，对于一名共产党人而言，又何尝不是一次特殊的“赶考”？

扶贫，最终要依托产业，才能持续发展。信州区全面整治生猪养殖后，新塘村闲置了大量养殖房。能否嫁接合适的产业，从而盘活这些空闲资源？许大龙盯上了茶树菇种植。2018 年 10 月，许大龙召集东塘村、新塘村、占村、路底村、老坞村的驻村第一书记、村支书、致富带头人商量此事，决定成立益民种植有限公司，设立五个合作社，制订章程，明确贫困户分成的条款。抱着试试看的态度，一百零八户贫困户参与了第一年的茶树菇种植，没想到，一炮打响，赚了个盆满钵满。

利用种植做文章，茶树菇只是许大龙的“第一步棋”，他准备下一步种植“双黄蛋”。

↑ 许大龙走访贫困户（右四）

占村村委会主任徐光兴对2018年年底的一幕记忆尤深。那次，村委会一班人开碰头会，商量下一步如何利用冬闲之机增加贫困户的收入，一时之间，没有找到合适的切入口。恰好，许大龙过来调研，听了大伙七嘴八舌的意见后，他用手摸了把鼻翼，说：“大家觉得种植油菜怎么样？”

众人对于种植油菜自然不陌生，可是，村民们宁可外出务工，也不愿意扛起犁耙和锄头啊。见大伙面面相觑的情形，许大龙释然一笑：“咱们将闲置的土地流转起来，免费给贫困户提供种子、肥料和技术，贫困户出劳动力，收益归他们。”

消息传出，占村的贫困户们的情绪被点燃了。一百八十亩的土地在第一时间流转到位，专项扶贫资金也尘埃落定。贫困户黄良炎与妻子都是聋哑人，手脚勤快，第一个报名，愿意种植四亩油菜。受他们感染，其他人不甘落后，纷纷举手认领。往年一到冬季便荒凉凄清的野外，今年显得格外热闹，人们忙着松土、撒种、施肥、浇水。待绿芽拱出泥土后，大伙更是兴奋，好像终于守到孩子的呱呱落地。春节前后，油菜花纵情盛开，引来无数蜂蝶，也引来无数观光客。

次年5月，挥镰收割，清点收成，仅此一项，黄良炎家就进账三千多元，两口子乐得哇啦哇啦向许大龙直竖大拇指。

一花独放不是春，万紫千红春满园。一时之间，产业扶贫成为秦峰镇靓丽的风景线。一百千瓦光伏发电扶贫项目建成，霍村、五岩、岩坑、管家、秦峰五村依托上饶博恩现代农业产业园发展蔬菜大棚产业，海螺水泥专卖挂牌成立，十一个专业合作社相互呼应，覆盖全镇所有的贫困户，使每个贫困户每年分红达一千多元。

五

许大龙又一次梦见那面鲜红的党旗了。不过，这次的地点，是在秦峰镇的办公室。醒来后，他迷迷糊糊地向妻子断断续续讲述着梦中所见。

妻子背转身，悄悄地擦拭掉眼角的泪。

许大龙忽然想起了什么："安安下学期就要读高三了，这几年，连个完整的周末都没陪你们，小女儿又全靠你，想到这些，我其实挺心疼……真想带着孩子们出去看看世界，一家人，安安静静的，多美。"

病房里出现短暂的沉默。妻子紧紧抓着许大龙的手，生怕失去他。

窗外，灯火次第亮了，南昌又一次开启了斑斓多姿的夜景模式。这是2019年7月31日的黄昏。

此时，五百里外的信江之畔，上饶城三清山中大道的一个小区里，安安放下书本，揉揉眼，视线落在那张全家福上，她端起来，忍不住在许大龙的脸上擦了擦，喃喃自语："爸爸，你快点出院吧，安安想你，也想你做的早餐的味道。"

山风吹去暑热，蝉鸣渐渐弱了下去。秦峰镇人民政府办公楼里，走访贫困户回来的邱丽芳经过许大龙的办公室时，习惯性地作势要敲门，她忽地反应过来，摇摇头，向扶贫站走去。令她吃惊的是，那个低保户罗某竟然等候在走廊上。不过，跟上次的态度截然相反，罗某满脸笑容，主动打招呼道："邱主任，听说许镇长病了，我就是想来问问，他啥时候回来？"

罗某是岩坑村人，家境窘迫，身体不好，前一段日子，儿子不慎摔伤，他便跑来找镇领导，想争取每年六百元的抚恤金。由于无相关政策支撑，邱丽芳觉得十分为难，再三耐心解释，谁知一切成了罗某的耳边风，他吹胡子瞪眼，激动地拍着桌子叫嚷，非要立即解决不可。这时，许大龙下乡回来，连忙把罗某请到自己的办公室，给他泡了一杯茶，待对方冷静下来后，再了解事情的来龙去脉。弄清原委后，许大龙沉吟片刻，说："罗师傅，从政策层面来说，的确不允许这样操作，请理解工作人员的难处。可你的家里情况确实挺困难，这样吧，我找相关部门，看能否在年底安排一次性救助金，标准仍按六百元。"难题，最终迎刃而解。

邱丽芳没有想到罗某竟是为许大龙而来，顿时无比诧异。她告诉对方，许副镇长还在南昌的医院救治，情况不容乐观。沉默了一会儿，罗某说："邱主任，方便时请给许镇长捎个话，我在秦峰等他回家。"

凝视着那个踽踽而行的背影，邱丽芳忽然捂住了嘴，眼泪淌满脸颊。

许大龙生病住院的事，似乎成为秦峰全镇贫困户的心结。

东塘村爱心扶贫超市里，残疾老人郑培寿用积分兑换好液化气后，向超市负责人打探："你知不知道，许镇长到底啥时候回来？我好久没去他办公室喝茶了。"在秦峰镇，凡是去镇政府办事的人，几乎都喝过许大龙的茶。

五石村的吴新顺这段时间没再去晃悠混日子，窝在家里，看着儿女们的照片发呆。没有许大龙，孩子们或许早已辍学。找学校减免学费，申请教育补助金，办理社会助学捐赠，这一件件好事，无不凝集着许大龙的心血。吴新顺惊讶地发现，这段日子家里少了许大龙的身影，让他极度不适应。

许大龙病倒的消息传出后，刘芳没有马上告诉在浙江务工的丈夫。有时候，听到泡桐树下传来脚步声，她会情不自禁地迎出去，然而，不是那个熟悉的身影。更多的时候，她默默地翻看着那本《帮扶责任人帮扶记录》——

“了解基本情况，妻子2011年生病花去大量医药费，两个子女在读幼儿园，现居住在父亲留下的跟兄弟平分的老屋。”这是许大龙第一次登门家访所留的手记。不久后，许大龙帮助郑田军、刘芳办理危房改造申报手续。

“新房已完工，协助、咨询危改资金发放情况，并进行年底慰问。”这是2016年12月26日的记录。此时，由于即将搬迁新居，刘芳像浸泡在蜜糖水中。

“了解落实两个小孩在沙溪就读教育减免费用情况，宣讲我区最新教育、医疗等扶贫政策，分析、核实其家庭收入等情况，通知她（刘芳）去办理慢性病门诊报销卡。”这是2017年的秋天，许大龙与郑田军、刘芳夫妇见面的纪实。这一次，许大龙鼓励他们争做脱贫的典型。

“走访慰问，送慰问品和衣物。”这是2019年1月25日的记录，许大龙留下的文字很短促，看得出，作为分管全镇扶贫工作的副镇长，脚步有多么的匆忙。

一行行文字，纸短情长。一页页记录，速写着一位扶贫干部的身影。看着，看着，好像时光倒流；看着，看着，刘芳感觉到了源自心灵温泉的暖和。

2019年8月1日上午，许大龙体内多个器官出血，病情急剧恶化，当天22时许，经抢救无效，不幸去世。

他留下的遗憾太多：如何找准产业扶贫与市场的对接点；如何让乡村振兴、农民增收从理想走向现实；如何通过“党建＋产业联盟”的新模式招商引进现代化农业企业……

他欠亲人的“心账”再也无法还清：答应陪妻子看一场电影；答应暑假陪孩子们去外地旅游；答应家人去做一次全身体检……

一生虽短，却可以在担负脱贫攻坚使命的征途中找到活着的答案。

一人力薄，但只要怀着信仰，便可以像旗帜那样高高飘扬。

壮哉，秦峰幸有许大龙。

12

罗田笑脸

一

从会昌北火车站所在的西江镇继续沿着狭长的山谷往里走，丘陵与丘陵挨得愈来愈近，似乎便于随时耳语。房屋散若星辰，或坐落于乡道一侧，或与山脚一弯小溪为邻，或掩于山腰几树绿荫，让人想起古时候不喜红尘白丁打扰的隐士。

当然，也有抱团聚集的村庄，比如兰田面、新屋、中份等几个村组。它们依着地形山势伸展身体，将建筑、田畴、树林、溪流有机组成一个微型版的山间王国。从高处看，牛在青草间享受饕餮快意，鸡鸭嬉戏于竹林溪畔，女人隔着那条柔似细腰的若山河叫着谁的乳名，刚刚落尽芳菲的油菜，摇曳着饱满的青籽。如何看，这片被群山宠爱的土地，都像一幅悠远的田园牧歌图。

七十五岁的王正秀喂完鸡食，目光习惯性地往周围一瞄，她发现学会走路不久的孙女文语萱又摇摇晃晃地往坡下而去。老人慌忙丢下活，一边叫唤，一边小跑。在那棵柿子树下，王正秀抓住了孙女，用劲一把抱在怀里，生怕被谁抢去似的。孙女不干了，朝着奶奶哇哇抗议。这时候，坡下的村道上响起喇叭声，一辆棕色的小汽车驶了过来，老人一激灵，愣在那儿，多么熟悉的情景啊，她脱口而出："肖老师！"

然而，汽车并没有往坡上开，而是一溜烟跑远了。

王正秀张着只剩一颗门牙的嘴，呆呆地盯着汽车消失的方向。山风吹起满头银丝，也吹起衣襟。

她忽然明白，那张阳光一般灿烂的笑脸，那个结实的胖小伙子，跟她的老伴一样，再也不属于这人间。

王正秀老人心心相念的肖老师，是赣南医学院驻会昌县小密乡罗田村的扶贫队员肖新泉。2019 年 9 月 29 日晚，肖新泉在走访挂点贫困户时不幸坠楼牺牲，年仅三十一岁。

时间已经过去五百多个日夜，很多罗田人依然没有走出悲伤，提及肖新泉，他们几乎不约而同地竖起大拇指：肖老师，好小伙子啊！

罗田村村委办公楼一楼服务厅里，鲜红的背景墙上，写着“为人民服务”五个金黄色大字，下面则是三行白底字：以服务为宗旨，以便民为目的，以满意为标准。

像往常一样，村委负责扶贫信息工作的许艳春埋头电脑前，正在核对人员信息。不远处，村支书兼村主任赖冬洋正在跟负责治保工作的文检发商量春插的事。院子外面的田间，几只白鹭掠过，仿佛将郁绿的山林画出一条条稍纵即逝的银线。

↑ 肖新泉（左）与同事们在一起

赖冬洋在 2019 年 8 月底开始挑起了全面负责罗田村党支部、村委会工作的这副担子。作为村里的能人，之前，他在于都、会昌等地承包农村水利、农田改造工程。

眼看快晌午了，文检发似乎想起了什么，他一拍后脑勺，说：“瞧我这记性，‘嗯妈’（小密乡一带方言，妈妈之意）交代我叫媳妇买点菜，最近这段时间闹菜荒，我给忘了。”文检发的母亲就是王正秀老人。父亲去世后，文检发两口子不再去广东佛山务工，回到故乡，妻子在西江镇上开了一家服装店。

一直没吭声的许艳春忽然搭了腔：“要是肖老师还在，咱们村部周围全部是菜，根本吃不完。”

一句不经意的话，像点燃了导火索，大家想起了什么，现场陷入沉默。

肖新泉常驻村里的那两年，好像有使不完的劲，每次走村串户回来，喜欢利用村部周围的闲地种菜，辣椒、茄子、豆角、空心菜、南瓜、芹菜等长满边边角角，到处生机勃勃。他乐呵呵地挑来粪水施肥，乐呵呵地打扫办公楼的环境卫生，乐呵呵地帮做工作餐的阿姨洗碗擦灶。那张笑脸，成为罗田村部的招牌，老人们爱看，孩子们爱看，办事的人更爱看。

“他的脸上好像没有阴雨天，一直晴朗。”许艳春如是评价。

她的心里，刻着自己与肖新泉第一次见面的情景，随着时光流逝，非但没有磨损，相反，如同一件石雕作品，历久弥新。

那是 2018 年 4 月 9 日的下午，许艳春到村委会报到。赣南医学院驻罗田村第一书记吴小明热情地招呼她在二楼的会议室落座后，向她介绍村里脱贫攻坚的进展情况。许艳春多少有点忐忑，虽说自己在会昌职业技术学校读书时接触过电脑，可是，毕业之后，去了浙江务工，操作的机会不多，有了孩子后，全身心关在中份组的家里带孩子，她担心很多方面落伍了，会丢脸。

这时，一位穿着深绿色衬衫的小伙子风风火火进了会议室，笑眯眯地在许艳春的斜对面坐下。

吴小明忙介绍道：“这位是我的同事肖新泉老师，在赣南医学院图书馆工作，他刚才进村走访去了。对了，肖老师是电脑专家，如果遇到难题，你找他，保准错不了。”

许艳春赶忙站起身来。

肖新泉咧嘴笑了，示意她坐下：“我也是半桶水，一块摸索学习吧。”

电脑，就摆在会议室的一角。当时正处于脱贫工作攻坚期，五六个人在会议室里集中办公。肖新泉的电脑果然用得很溜，他的手指在键盘上飞舞，嘴中则念念有词，深入浅出地讲解如何操作和运用。遇见许艳春发蒙时，他便停顿下来，重新耐心地演示一遍。令许艳春肃然起敬的是，肖新泉对罗田村十个自然村的九十五户建档立卡贫困户的情况了如指掌，如数家珍。

第一次打交道，许艳春在心中给肖新泉打了高分。

往事在记忆的荧幕上闪现，一切历历在目，可是，聚散须臾，那张笑脸不再属于罗田。盯着显示屏，许艳春的鼻子忍不住一酸。

此时，文检发的心间，又何尝不是翻江倒海？作为曾经的贫困户，他的家，当年正是由肖新泉负责帮扶。

三年多前的一天，正在佛山务工的文检发接到一个显示为赣州市的陌生电话，对方说：“我叫肖新泉，是赣南医学院派驻罗田村的干部，对口帮扶你家，有什么困难和需求，可以随时找我。”文检发半信半疑，他对这种“形式主义”向来不感冒。

之后，不知不觉间，关于小伙子肖新泉的故事，在文检发与父母的通话中渐渐多了起来。父亲说，小伙子真不赖，咱家里碰到的烦心事，都是他去跑，心肠热着呢，他还常常来陪伴唠嗑，爷爷婆婆（奶奶之意）

地叫得亲热，想方设法逗着我跟你嗯妈开心。

文检发的心一暖。

有一天，肖新泉主动请求加文检发的微信，加上好友后，他立即要跟文检发视频聊天。文检发迟迟疑疑地接通，眼前的一幕却让他大吃一惊，视频里，竟然是白发苍苍的父亲母亲。王正秀喜泪纵横，眼睛几乎贴在屏幕上。文检发颤声叫道：“嗯妈！”他从来没有想到，自己会以这种形式与耄耋双亲见面。一种感激之情，从文检发压抑许久的心灵世界里泄闸而出。

“独在异乡为异客，每逢佳节倍思亲。”2018年中秋前夕，文检发趁着厂里放假，风尘仆仆地回到桑梓，决定跟肖新泉会面。

文检发抵达村部时，肖新泉还在走访贫困户。趁着这间隙，文检发在办公楼里转悠起来。一楼，是农家书屋，几排架子上，堆码着各种书籍。二楼的过道上，是“小密乡罗田村建档立卡贫困户帮扶一览表”，每个贫困家庭的基本情况、致贫原因、帮扶措施、脱贫路径都可以在这儿找到答案。曾几何时对村委会有抵触情绪的文检发陷入沉思之中……

↑ 罗田村中份组文检发（右）和母亲王正秀（中）

不久，肖新泉那张笑脸出现了。他穿着一件棕色T恤衫，胸前是一只白色大蜘蛛图案，走路时，有一股虎虎生气。

仲秋的阳光已然变得柔软，山色呈现宁静之美。田野里的水稻散发着成熟之美，耀亮的金黄色温暖祥和。两个人坐在一楼，或许年纪相近的原因，话题很快聊开了。

分别时，肖新泉胖乎乎的脸上依然是笑

容灿烂。他说，你放心在外面的世界闯荡，家里的老人有我呢。

令文检发万万意想不到的是，不到两个月后，父亲不慎从楼梯上摔下来，去世了。陷于悲痛中的文检发一时不知所措。这时，肖新泉赶来帮助他申请办理贫困人口意外伤害险理赔，积极配合保险公司查勘、收集材料，很快，三万多元保险理赔款及时到位。

赖冬洋的家在罗田组的村道边，几乎每次从工地回故园休息时，都会与肖新泉打照面。肖新泉的那张笑脸在赖冬洋的脑海里一直挥之不去。他忘不了那个淫雨霏霏的日子。

那天早晨，赖冬洋去孕龙小学办事，刚走到校门口，发现一辆棕色的汽车停在附近，很是眼熟。一会儿，车门打开，肖新泉撑开伞，从后座接出贫困户赖冬发的女儿，护送她进入校园。

赖冬洋的眼睛一亮。自此后，他悄悄地留意起这个年轻人。慢慢地，他发现，只要下雨天，肖新泉就会驾驶着爱车接送贫困户的孩子上下学，或出现于孕龙小学，或出现于小密乡的初中。

其实，肖新泉的义举，整个罗田村几乎无人不晓。但至于有多少学生坐过肖老师的汽车上学放学，有多少孩子接受过肖老师的义务辅导，有多少孩子跟肖老师做过“老鹰捉小鸡”的游戏，怕是谁也说不清。

涓滴不拒，终成江河。

二

新屋组村头，几座青翠山岭偃卧，松树遍坡，映山红怒放。竹林边，坐落着一栋两层楼房，这是贫困户赖十月与兄长的家。

↑ 罗田村新屋组赖十月在养蜂

小道两侧，田间地头，安放着蜂箱。赖十月早年在福建、广东务工，下矿井挖过煤，做过木匠，干过轧钢的活。2016 年，他返回老家罗田村，试着养蜂，几年打拼，已经拥有一百多箱蜜蜂。

斜阳下，赖十月戴着面罩，小心地打开蜂箱，抽出一块木材活框，仔细查看。密密麻麻的蜜蜂聚集在隔板上，像一群调皮的孩子，不肯消停。一抹霞光从山头跃到蜂箱上，缓缓后滑。

有村民过来串门。赖十月招呼他在厨房外的小方桌边喝茶。话题，不知不觉聊到了肖新泉。罗田村的男女老少几乎都知道，赖十月跟肖老师关系匪浅。

“肖老师，好小伙子，少有的好人啊。”赖十月抿了一口茶，凝望着山脚下的稻田，似乎，他又看到了那个熟悉的身影。2019 年暑期，肖新泉就是在那儿帮村民文生娇收割稻子的。

那天，肖新泉上户看望赖十月，无意瞄到六十一岁的文生娇一个人在割稻子，他二话不说，飞奔过去，迅速脱掉鞋子，跳进田间帮忙。收割完毕，肖新泉并没有离开，而是再接再厉，打谷子，扛蛇皮袋，硬是把稻谷送回了文生娇的家。深受感动的赖十月悄悄用手机将这些场景拍摄成照片，发在微信朋友圈，一时之间，村民点赞，留言道：“肖老师好样的！”

有事没事，肖新泉喜欢上赖十月家里转转，跟着学习养蜂技巧。到了花期，赖十月得到七八公里外的南脊岭养蜂，山高路远，肖新泉却不辞辛苦，多次往返帮忙割蜜。他把赖十月劳动的场景如实拍摄下来，在朋友圈、博客里吆喝，进行推销宣传，乐此不疲。令赖十月感动不已的是，在吴小明、肖新泉的积极努力下，赣南医学院仅仅2018年便购入一千六百多斤蜂蜜作为福利品发放给职工，仅此一项，他便收入七八万元。

慢慢地，赖十月对肖新泉的基本情况也有了大概了解。小伙子1988年5月18日出生于兴国县城岗乡回龙村，家境贫寒，自小渴望用知识改变命运；2011年6月，从西安体育学院经济专业毕业，在读大学期间，他便光荣地加入了中国共产党；2012年7月到赣南医学院图书馆工作，第二年开始，在职攻读赣南师范大学学科教学（思研）专业研究生。2017年11月底，正在山东参加弟弟婚礼的肖新泉接到单位的电话，希望他尽快赶回，参加罗田村的驻村扶贫工作。从此，他成为一名精准扶贫的前锋。

有时，干活累了，肖新泉喜欢唱唱《十送红军》：“一送里格红军介支个下了山，秋风里格细雨介支个缠绵绵，树树里格梧桐叶呀叶落完，愁绪里格万千压在心间，问一声亲人红军啊，几时里格人马介支个再回山……”

歌声在莽莽南脊岭回响。赖十月停下手头的活，呆呆地凝视着那张胖乎乎的脸，他在想，这个肖新泉，为啥总是那么乐观啊？

乐呵呵的肖新泉又找赖十月商量事儿了。他说，十月哥，你的养猪场目前只有二十几头的样子，得扩大规模，用好政策，持续发展。

赖十月心动了。说干就干，两个人自己动手搭建猪圈，披星戴月，白天黑夜地忙了半个多月，终于具备了条件。肖新泉一诺千金，在第一时间落实了产业补贴。猪场的规模呈几何式增长，达到了一百多头。

日子像芝麻开花节节高了，可是，那张笑脸再也不会出现，高高的山上，再也没有熟悉的歌声。

罗田村的一家杂货店前，一伙村民正在打牌，数米开外，一弯小溪潺潺不息。人间四月天，一切美好启幕，盎然生机掩去了伤痕。瘦弱的赖凤娇将电动车停在路边，一边跟村民打着招呼，一边准备进店购物。这位当了四五年罗田村支部书记的女子，卸任后，一心一意回归了家庭角色。村民们纷纷上前打招呼，大伙心里明镜似的，罗田能够摆脱贫穷梦魇，赖凤娇功不可没。

偶尔，赖凤娇会去村委会短暂逗留。许艳春发现，老书记每次都要上三楼转转，然后看着楼顶那面迎风招展的国旗发呆。靠近山丘的那间房，曾经是肖新泉的卧室。四野又是鸟语花香，然而，时光不居，物是人非。

终于，有一天，赖凤娇与许艳春面对面坐下来了。沉默片刻后，她们不约而同地提起了那个阳光“男神”。赖凤娇说，我又梦见新泉了，他开着自己的那辆爱车，去小密乡里接孩子们了。许艳春说，我梦见他又在替我上报数据，还叮嘱我，一个女人家晚上尽量不要出家门。

风吹过一丘丘秧苗田，将鸟鸣、松风、竹影留在了泥土里。再过些时日，该在布谷鸟的声声啼叫中插秧了。

有的事情当初平常，日子一久，忽然间像陈酒，别有一番芳香。赖凤娇的眼前，浮现着那张真诚无邪的笑脸，往事仿佛电影镜头，重新推回，是那么的亲切、那么的绵长。

2019 年 7 月，赖凤娇的爱人动了手术，需要卧床休息，可家里的米缸空空如也。无奈之下，赖凤娇只好自己骑车搭载了一麻袋稻谷送往西江镇加工。凑巧的是，正当她准备将加工后的一袋大米、一袋谷糠带回罗田村时，遇见了刚刚在镇上走访完贫困户的肖新泉。罗田虽然隶属小密乡管辖，但去乡里的道路蜿蜒颠簸，而它距离经济较发达的西江镇不过几分钟车程，所以，很多罗田村民选择在西江镇购物购房。

很自然，肖新泉劈手夺过米袋和糠袋，放进自己爱车的后备厢。他说："书记放心，我会送到你家里去。"万没想到的是，肖新泉把东西送到兰田面组赖凤娇的家中后，竟然还亲手把大米倒进了米缸里。

情怀是一位扶贫干部必须具备的素养。在与贫困户交往的过程中，许多扶贫干部经受了一场前所未有的心灵大洗礼，品德变得更加高尚起来。肖新泉便是如此。

那是2019年农村"双抢"（抢收早稻、抢插晚稻）时节，热气逼人，蝉鸣不休，田间地头一片繁忙景象。赖凤娇在肖新泉等人的陪同下，前往借斜组走访贫困户。汽车里，播放着歌手乌兰托娅原唱的《高原蓝》："人都说高原高，人都说高原险，高原上有一片纯净的蓝天……"赖凤娇瞥了一眼正专心致志驾驶车辆的肖新泉，想着他抢着做村支部、村委会会议记录的情景，暗中感慨：扶贫干部就是特殊的"高原蓝"。

烈日下的借斜组一派繁忙景象，田野里响彻打谷机的隆隆声。肖新泉忽然看见了一个熟悉的身影，新屋组的赖十月也在自己租赁的稻田里忙碌。他把车停在村口，跟赖凤娇打了一声招呼，急急火火地奔往田野。

"新泉！"冷不丁看见那张可爱的笑脸，赖十月大感意外。

肖新泉二话没说，抱起稻子递了过去。打谷机发出欢快的声音，金黄的谷粒"沙沙"地落入木舱之中。

累了，两人往田埂上一躺，仰看着天穹和山岭。

赖十月说，自己最近准备把家门口的田地利用起来，养殖鸡鸭。

"那是大好事啊"，肖新泉翻身坐起，一脸笑容，"十月哥，你如今是名副其实的创业典型了。"

赖十月心潮起伏，远望着绿烟里的幢幢新楼，想起那些流浪异乡的日子，他觉得梦幻一般。

似乎想到了什么，肖新泉提醒赖十月："你的左腿不太好，一定要抽空去检查检查。”他忽然压低声音说，自己的爱情长跑有望结束，计划今年国庆节前后结婚。

赖十月满心欢喜，擂了他一拳：“恭喜恭喜，记着啊，欠我一杯喜酒。”

赖凤娇发觉，肖新泉的视频聊天近期有些频繁，有一天晚上，大家正在村部商量事情，小伙子的手机又响铃了，他抱歉地慌慌张张跑出会议室。赖凤娇在背后追了一句：“小伙子，别跟女朋友煲电话粥啊。”顿时，满室一片善意的笑声。许艳春掩着嘴，心间欣慰，暗暗为他祝福。

2019 年 8 月底，赖凤娇从村支书岗位上退下来，她握着肖新泉的手说：“早点把婚礼办了，我还等着喝喜酒呢。”

赖凤娇没有想到，这一握别，竟成永远。

三

贫困户赖冬发的家与赖十月的家隔着马路相望。这是在肖新泉的帮助下，新建的房子。

在村民的印象里，赖冬发两口子身上仿佛长着刺，不太好打交道。赖冬发似乎对什么都看不惯，尤其是对村委会的工作颇多微词。也难怪，日子向来过得拮据，妻子患慢性病，是个“药罐子”，孩子要读书，家里片瓦没有，不得不借住在别人房子里，这满肚子的不顺，难免说几句牢骚怪话。或许是对生活失去了信心，赖冬发变得愈发懒了。

可想而知，肖新泉第一次上门，是何等的遭遇。赖冬发毫不客气地给他坐了冷板凳。

这么年轻，分明就是个大男孩，他能办成啥事？这不是忽悠人吗？

赖冬发心里犯着嘀咕。

肖新泉对赖冬发的冷脸似乎直接忽略了。他只管向赖冬发的妻子游江红详细地了解病情。由于没有厨房，游江红在过道里做饭，一边忙乎一边回答肖新泉的询问。她对肖新泉的第一印象不错，不过，跟丈夫一样，她对于这个小伙子能否解决什么实际困难并不抱有幻想。

很多时候，语言是苍白还是厚实，时间将交出答卷。

一段日子里，赖冬发一家的窘状成了肖新泉的心病。一有空，他就往赖家跑。几经努力，游江红的低保衔接、慢性病认定渐渐有了眉目。肖新泉通过筹措资金，帮助赖家建成了小厨房，修通了门前的道路，解决了出行困难。每个月回赣州时，肖新泉不忘给游江红带来特定的药材。遇到刮风下雨，肖新泉开车接送赖家的孩子往返学校、村庄之间，更是罗田村的一道风景。

真诚和善意，是化解心结的钥匙。赖冬发悄悄发生变化了，每天主动出去找活干，也不再动辄朝着妻子莫名其妙地发脾气。笑容，重新回到了游江红的脸上。

每次去村委会上班，文检发都要经过罗田村小学。不知为何，这些日子，他总会下意识地往校门方向瞥一眼。李子树、柿子树、枇杷树又换了新的绿衣裳，校园围墙右侧的文氏祠堂不时有燕子急速地射出，发出啁啾的欢叫。远处的山冈上，翠竹婆娑，犹如一帘绿色烟雨。

肖新泉的朗朗笑声，似乎依然萦绕在那几棵香樟树上。肖新泉喜欢来看孩子们，讲故事、做游戏、辅导作业。整个学校，无人不喜欢这个开心果一般的肖老师。

那天黄昏，肖新泉与文检发一起去兰田面组走访一位患有眼疾的贫困户回来，遇见罗田小学的十几个学生分成两队，在两栋单层教学楼前的操场上开展古诗 PK 赛。肖新泉一时兴起，给大家现场朗诵了民族英雄文天祥的诗歌《过零丁洋》:“辛苦遭逢起一经，干戈寥落四周星。山河破碎风飘絮，身世浮沉雨打萍。惶恐滩头说惶恐，零丁洋里叹零丁。人生自古谁无死？留取丹心照汗青。”

不善表达的文检发一阵激动，文天祥，那可是他们文氏一脉的骄傲啊。鸟鸣声中，他情不自禁想起前一阵子的事。那天，从老家探望生孩子的妹妹后，肖新泉开着那辆棕色的汽车回到罗田村，连村部都没进，直奔中份组。听到汽车的引擎声，王正秀、文检发母子俩走出房门。肖新泉一推开车门便盯着文检发问道:“嫂子生了吗？”原来，他惦记着文检发妻子的预产期跟自己妹妹是差不多的日子。文检发的心里头热乎乎的:“还没呢，不过就这几天的事了。”果然，7 月 1 日，女儿文语萱呱呱降世。欢喜一过，堵心的事儿来了，由于妻子的户口在云南省，没有及时迁到小密乡派出所，影响女儿上户口。肖新泉得知后，拍拍愁眉苦脸的文检发:“没事，交给我好了。”几天后，肖新泉在公安部门的帮助下，顺利解决了文语萱的落户问题。

村民赖春生的女儿赖春秀是一个善解人意的姑娘，她中考失利后，看到家里条件不太好，便寻思放弃学业，外出务工。肖新泉无意得知这个消息，急了，驾驶着汽车一溜烟跑到了赖春生家，气喘吁吁地对赖春秀说:“小妹妹，听肖老师说一句掏心窝子的话，一定要去读书，读书才会有出路。”他通过认真分析，建议赖春秀报考赣州市卫生学校，结果不出所料，赖春秀如愿以偿。

2018 年 11 月的一天，天降滂沱大雨，村民刘素华急得团团转，她家的母猪突然发病，而最近的取药处，在十五公里外的半径村。这头母猪可是家里的“命根子”，不容出任何意外。抱着一线希望，刘素华打电话向村委会求助。肖新泉正在整理资料，听到电话里无助的哭腔，他立即开着自己的汽车，箭一般冲进大雨。接了刘素华两口子后，他们直奔半径村。药，取到了，盯着全神贯注开车的肖新泉，刘素华的心间如同有一股温热的泉水在流淌。

无独有偶，2019 年 7 月 14 日，山洪暴发，浊浪涌向罗田各个村组。偏偏在这节骨眼上，刘素华家的母猪难产，如果得不到兽医的救治，恐怕凶多吉少。慌乱之中，刘素华给肖新泉去电求助。肖新泉二话不说，驾驶着私家车便出发去接医生。事后，母猪顺利生下了十几只小猪仔。

一心挂念村民冷暖的肖新泉却总是担忧自己给大家添什么麻烦。那次，他去给贫困户王华秀在外读书的儿子赖小兵寄送证明材料，因为道路正在扩建改修，路况条件差，他没有开汽车，而是骑着电动车去西江镇。返回时，不慎摔了一跤，四肢擦伤流血，衣衫裤子破了几个洞。肖新泉忍痛到了附近的医务所对伤口进行简单处理。有人问，肖老师，要不要通知村干部？他赶紧摇手道："别，千万别，不要让大家担心。"

桃李不言，下自成蹊。一点一滴，汇就肖新泉在罗田村的影像。那张朝气蓬勃的笑脸，成了罗田村的"形象代言"。

2019 年 4 月 28 日，会昌县顺利通过国家专项评估检查，正式退出贫困县序列。

同年 5 月，肖新泉被赣南医学院列入拟提拔考察对象。

四

幸福，从来不是虚无缥缈的事情。这些年，罗田村的父老乡亲从扶贫干部的身上，品出了幸福的味道。

而肖新泉和他的同事们，在脱贫攻坚的大熔炉里，也品尝着别样的幸福和快乐。

2019 年 9 月 12 日，肖新泉与女朋友修成正果，一同走进民政局，领取结婚证。原本，肖新泉计划在 9 月 10 日教师节这天登记结婚，谁知这段日子罗田村的扶贫工作任务特别繁忙，无奈，一直拖着未回赣州。

是日，他在朋友圈撒了把“狗粮”，写道：“一路走来变成了家人！与你团圆，劳大家替我操心这么久！”

婚礼准备在 10 月 2 日举行。9 月 28 日晚上，小两口聊天时，妻子说：“新泉，我们还有几天就要办婚事了，你跟单位领导开个口，请几天假，留在家里准备准备吧。”肖新泉迟疑了一下，摸了摸妻子的秀发，说：“我明天一早还是回一趟罗田吧，学校要给村里第六批贫困户进行康复治疗，还有不少活没做。”

妻子又一次“妥协”了。她静静地坐在丈夫的怀里，畅想着崭新的未来，心海里荡漾着满满的幸福。她巴望着那个幸福的日子早些降临，披上婚纱，做心上人的妻子，永不分离。

似乎感应到了妻子的心思，肖新泉轻轻拍了拍她的手背。妻子忽然想起什么，附耳道：“我怀上了，记得提早给孩子取名……”

肖新泉先是吃惊，继而狂喜，一把将妻子抱起，就地转了一圈，嘴里发出“哇哇”的兴奋的叫声。那张笑脸，如此幸福。

2019 年 9 月 29 日，那辆棕色的车又一次出现在罗田村的乡野里。像往常那样，肖新泉摇下车窗，跟村民们一一热情地打招呼。

“小伙子回来了！”老人们额上的皱纹舒展开了。

“肖老师好！”孩子们端端正正敬了一个少年先锋队队礼。

田野里，稻子黄灿灿的。山岭上，鹭鸟飞翔，树木郁绿。

肖新泉有条不紊地忙碌着工作。偶尔，想到妻子和那个即将来到人世的小生命，他忍不住轻声笑了。

许艳春从电脑前抬起头，问道：“肖老师，你吃‘笑药’了？”

肖新泉哈哈大笑，做了个怪样子，眨巴着眼睛说：“暂时秘密。要知后事如何，且听下回分解。”

忙碌的时光易逝，黄昏很快来临。按照计划，肖新泉来到西江镇看望贫困户。得知上屋组的贫困户许德增买的房子已经竣工，即将交付，他兴致勃勃地提出到现场转转。许德增的新房子在顶层，因为还未安装电梯，肖新泉徒步登上八楼，此时，天已经黑了，小镇亮起点点灯火，群山深黛，穹隆静谧。他为许德增终于实现夙愿而高兴。他在想，如果每个贫困户都能住上这样的楼房，该是多么好的事情。

悲剧就在一刹那间发生。由于天黑，肖新泉没有发现预留安装电梯轿厢的位置未遮盖任何东西，一脚踩空。

一声沉闷的钝响，那张笑脸永远不复存在。

那一夜啊，对于罗田人而言，是那么的漫长。

那一夜啊，罗田的十个自然村，都只有悲伤。

“我们的亲人没了！”游江红失魂落魄地看着丈夫。赖冬发坐在屋檐下，像个失语者，良久，浑浊的泪水扑簌簌滚落。

赖十月抱着头，蹲在稻田边，泪眼蒙眬中，他觉得肖新泉正在月光下割稻子，便伸出双手去抱，岂知只是一把山风。他大吼一声：“兄弟，你欠我一杯喜酒，别耍赖皮啊！”

王正秀老人睡不着，抖抖索索走到儿子的房间外，说：“检发呀，你再问问，是不是搞错了，肖老师那么年轻，那么好的一个人，怎么可能呢？”文检发侧过身，眼里泪光莹莹。

10 月 2 日，本应是肖新泉在妻子故乡举办婚礼的时间，其遗体却在这天化为缕缕青烟，挥别他挚爱的土地。

同学在朋友圈留言：“责任心满满的泉子不在了，他的生命定格在了赣南乡间扶贫村里，定格在了他热爱的山水之间。”

几天后，《江西日报》的记者走进罗田小学四年级的教室，面对着全班学生，问道：“同学们，你们认识肖新泉老师吗？”

学生们异口同声，大声回答：“认识！”

记者又问：“你们现在最想对肖老师说的一句话是什么？”

学生们再次异口同声地答道：“肖哥哥，我们很想你！”

一双双泪眼，是那么的天真无邪。短暂的沉默后，整个教室一片哭泣。

诗人臧克家曾经写道：“有的人活着，他已经死了；有的人死了，他还活着。”

这是肖新泉生前喜欢的诗句，也是肖新泉用生命留给罗田的试金石。

青山绿水之间，那辆棕色的汽车依然在奔跑，那张朝阳般的笑脸依然青春绽放，那位叫乌兰托娅的歌手依然在深情地唱道：“人都说高原高，人都说高原险，高原上有一片纯净的蓝天……”

↓ 焕发着勃勃生机罗田村

13

尖兵

一

春风沉醉，小城吉水的夜晚格外旖旎。五光十色的灯光从吉阳大桥潜入赣江，顿时，水面波光粼粼、色彩斑斓。值更的虫子们在草丛间叫得欢，没有丝毫偷懒之意。随处可遇散步、休闲、夜跑的人。灯火驱除了白日的疲惫，像彩色的旋律，抚摸着每一个人的心口。

吉水县扶贫办主任陈忠玫忙完手头的活，夹上公文包，走出三楼的办公室。他一边在脑海里梳理着近期工作的枝枝蔓蔓，一边缓缓踩着台阶下楼。整栋大楼很安静，空气中，飘来淡淡的山茶花香。

到了一楼，陈忠玫下意识地往门卫室斜对面的107号办公室看了一眼，然而，那边是漆黑一团，没有熟悉的灯光。他忽然清醒过来，心里忍不住一阵疼痛：午林，那位好兄弟，真的不在了。

尽管时间已经过去一年多了，陈忠玫却依然记得那天的种种细节，心扉上，像刻写着一部电影的字幕。他时常在万籁俱寂的午夜，轻轻揿下往事的播放键。

2020年2月19日，冷雨斜飞，同别的城市一样，吉水县城正严阵以待，迎战新冠肺炎疫情。陈忠玫给县扶贫办政策法规股股长彭午林打了个电话，说是急需制定《吉水县脱贫攻坚挂牌督办工作方案》。

对方似乎沉默了一下，但很快干脆利落地答道："主任放心，我开个'夜车'，争取明天拿出初稿。"说话间，彭午林轻微咳嗽了几声。

陈忠玫意识到了什么："你生病了？"

彭午林呵呵笑了："没啥关系，防疫值班时不小心淋了雨，有点低烧。"

陈忠玫提高了警惕，叮嘱道："特殊时期，一定要休息好，注意自我隔离，千万不可掉以轻心。要不，这事……"

彭午林急了："主任，这事就这么定了，老惯例，下半夜写好后，我发到你微信上，明天一早你审一遍。"

几年来，作为县扶贫办政策法规方面的"台柱子"和文字材料的"笔杆子"，彭午林与陈忠玫之间配合十分默契，两人既是下级和上级的关系，也是扶贫战线上的亲密战友。不是重要材料，陈忠玫决计舍不得"惊动"彭午林，好钢自然要用在刀刃上。两人渐渐形成了一个特定的工作模式——白天，陈忠玫出课题，彭午林猫在办公室翻看各种资料；入夜后，彭午林会与陈忠玫沟通思路，交流想法；午夜，则是彭午林的写作黄金时间，他往往一气呵成，之后将材料以电子文档的方式发给陈忠玫；陈忠玫六点钟左右起床，审读方案材料，最后拍板定稿。

在吉水县扶贫办，几乎所有人都知道，彭午林办公室的灯光，往往最晚熄灭。

2014年，陈忠玫调到吉水县扶贫办，与彭午林共事，不接触不知道，一接触，陈忠玫就喜欢上了这个"认死理"的壮实汉子。通过观察，他认为彭午林有

↑ 吉水县扶贫办办公楼

三个特点：一是能写，文字功底强，悟性高，表达精准到位；二是能说，对扶贫政策法规烂熟于心，加上语文教师出身，讲话有板有眼，被县司法局聘为“法律明白人”讲师团成员；三是能干，不仅单兵作战素质高，而且能独当一面，在“挂乡包村”行动中，牵头负责的班子成员提拔离任后，彭午林挑起了分片包保小组的担子，对接、指导螺田、白沙和冠山三个边远乡镇的扶贫工作，事情料理得清清楚楚、明明白白。

将重要任务交给彭午林，陈忠玫一百个放心，对方责任心强、追求完美、干事漂亮，但他也有不放心之处，因为彭午林偏胖、血压高，实在是担忧其身体。扶贫几年来，两个人保持着“午夜热线电话”，全县的扶贫路线图，双方都无比熟稔。聊得差不多时，彭午林说：“主任，你先休息吧。”陈忠玫便知道，他要开始进入挑灯夜战工作状态了。

陈忠玫万万没有想到，天妒英才，彭午林还是出事了。

2020 年春节期间，县扶贫办很多同志回乡下老家过年了，彭午林主动请缨，参加单位在疫情防控网格化区域天成一品小区的值守工作。这个小区规模大、人员多、情况复杂，又没有专业物业公司管理，其工作难度可想而知。彭午林认真测量进出人员体温，登记进出人员信息，对没有带通行证或一证多人进出者一律劝返，并耐心做好解释工作。

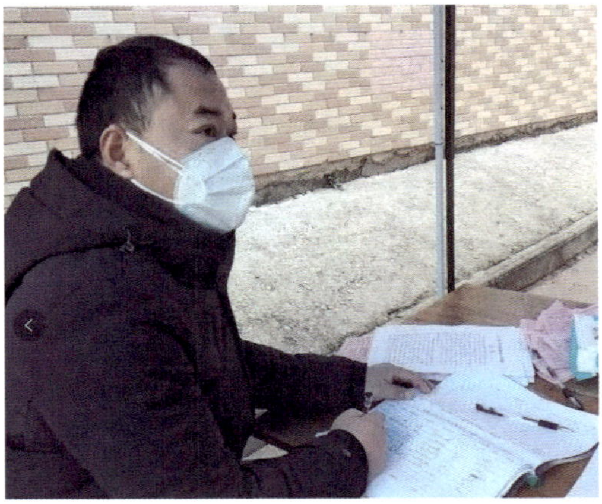

↑ 坚守在抗击新冠肺炎疫情一线的彭午林

上午在小区值班负责防疫工作，下午赶到单位梳理扶贫情况，晚上则继续埋头案前。“双线作战”是彭午林在全民防疫特殊时期的常态。

2 月 19 日，接到制定《吉水县脱贫攻坚挂牌督办工作方案》

的任务后，彭午林静静地坐在电脑前，时而锁着眉头沉思，时而快速敲打着键盘。

妻子李剑玉从睡梦中醒来，迷迷糊糊地见到书房里的灯光依然亮着，便瞄了一眼手机，已经子夜时分。她心疼了，丈夫又在熬夜了，人到中年，身体容易出状况呀！

“午林，该睡了，工作是永远忙不完的。”李剑玉轻轻提醒道。

彭午林回头一笑：“没事，习惯了。这回时间比较紧，得赶快。”

“你呀你，永远是头老黄牛。早知道这样，还不如一直在学校待着！”李剑玉嗔道。

从吉安师专中文系毕业后，彭午林先后在吉水县黄桥中学、乌江中学、吉水县职业高中、井冈山经贸学校等单位教书育人，是一位经验丰富的语文老师。2013 年，他离开教育系统，成为扶贫战线上的一名“尖兵”。

彭午林摸摸头，呵呵笑道：“放心，等疫情过去了，脱贫攻坚胜利了，咱们一家人全部出动，痛痛快快地来个畅游中国。”

他忽然想起了什么，起身，牵着李剑玉，一起蹑手蹑脚走到酣睡的小女儿旁边，像平常那样，准备俯身去亲吻孩子。小女儿刚刚学会讲话，仿佛一个制造快乐的小天使，是彭午林的宝贝公主。

李剑玉一把拽住他：“胡闹，你感冒还没有好！”

彭午林遗憾地直起身，用手拍拍前额，悄悄回了书房。

点燃一支香烟，彭午林猛吸一口，片刻之后，“噼里啪啦”的声音再次响起。

文稿，终于有了雏形。彭午林舒了口气，起身去卫生间洗漱，谁知刚刚抓起毛巾，突然，他感觉天旋地转，瞬间跌倒在地，发出一声沉闷的响声。

李剑玉闻声过来一看，失声叫道：“午林……”

2月20日零时十五分，彭午林由于积劳成疾，突发脑出血，虽经医院全力抢救，却再也没有醒来。

他一句话也没有留下。电脑桌面上，是那个还未定稿的《吉水县脱贫攻坚挂牌督办工作方案》。

二

初夏的螺田镇，山山披翠，树树挂绿。蝴蝶领先，一群群翩然登台，蜻蜓跟着捧场，他们像国画里的墨点，点染着山间的意境。入夜后，蛙鸣从东边的稻田连绵过来，再如雨点一般从西边的田间覆盖过去。

刘启东一直很喜欢这样的乡村景物。作为吉水县扶贫办派驻螺田镇老山村第一书记，从2017年5月始，他就跟这方热土打交道，日出而作，日落不息，不知不觉间，两年多时光如水逝去，梦里，也渗透着泥土芬芳。

不过，近一段日子，刘启东的思想起了波动。老山村与县城相距七十八公里，平时刘启东基本待在村里，对于小家，他是个“甩手掌柜”，一切得倚仗妻子。爱人在中学任教，早、晚两头有自习课要管，最麻烦的是小儿子还不到两岁，里里外外一把抓，妻子身心疲惫。熬了两年，原本以为单位会“换防”，刘启东终于可以回城，谁知得到的消息是外甥打灯笼——照旧（舅）。那一刻，妻子几乎崩溃了，然而，她什么话也没说，任凭两行清泪默默流淌下来。

这一天，彭午林在毛小军的陪同下到螺田镇老山村指导扶贫工作，他发现平常生龙活虎的刘启东一副心不在焉的样子，便悄悄问道：“咋了，帅哥，身体不舒服？”

刘启东将头摇成一个拨浪鼓。

彭午林看了看周围，没再吭声。他转身向老山村村委会主任廖信新询问起盘岭坑组进村桥梁的现状，廖信新微笑着道：“您放心好了，质量好着呢。老百姓都感谢您啊。”

彭午林摆了摆手：“要感谢党，感谢扶贫好政策。”

2016 年上半年，一场肆虐的洪水冲垮了盘岭坑组村口的木桥，老百姓进出村庄得绕老远的路，极度不便。彭午林得知后，立即赶到现场察看，并想方设法筹措了六万多元资金，在小河上重新建起了一座钢筋水泥桥，修筑了河堤。

令廖信新感动的是，彭午林虽然没有包保贫困户的任务，但他对贫困户从来不会袖手旁观。2017 年仲夏的一天，彭午林到老山村村委会检查扶贫工作，长江组的贫困户张学来跑来向廖信新诉苦，近来手头紧张，想去镇里买点日常生活用品，却囊空如洗。还没等廖信新开口，彭午林已经掏出一百元钱，塞到张学来的手中：“兄弟，别嫌少，先拿去应急。”

待张学来离去后，彭午林绕着村部转了转，心中有数了：“廖主任，你这儿条件太简陋，特别是没有村民活动中心、便民中心、卫生室，老百姓来办个事不方便。”

廖信新苦笑道：“资金有限，顾的了头顾不了腚啊。”

“你让我想想，看看能不能找到办法。”临走前，彭午林丢下一句话。

廖信新当时以为彭午林不过是一句安慰的话，谁知道，转过年来，彭午林果真筹措了六十多万元，在老山村建起了新的便民中心、文化活动中心、农家书屋和卫生室。

办事靠谱的人，工作拼命的人。这是廖信新对彭午林的评价。

2019 年年底，彭午林带队到挂乡包村点验收扶贫项目工程，当忙完白沙镇这边的事，时间已经不早了，大家建议明天再去螺田。他坚决不同意："明天有明天的事。海尔集团有个管理理念，日事日毕，日清日高，值得我们学习。"于是，一行人冒着冷雨，顶着寒风，赶到螺田镇老山村验收扶贫项目。待大伙忙完工作，饥肠辘辘地回到镇里时，早已过了饭点。

当廖信新沉浸于往事的回忆之中时，彭午林已经知道了刘启东闷闷不乐的原因。刘启东满以为老大哥会帮忙想个法子，谁知彭午林却语重心长地说了一句："做一件事就要做到底，不要半途而废，一个人，心中还是要有信念。"

刘启东陷入了沉思。

彭午林接着说："县扶贫办的情况你也清楚，一个萝卜一个坑，谁都不闲着。再说，驻村扶贫工作不是一蹴而就的事情，动不动换人，对工作不利。"

理想信念是思想和行动的总开关，刘启东想明白了："行，我咬牙再干两年，坚守到脱贫攻坚全胜的那一天。午林哥，咱们一起做做俺媳妇的思想工作吧。"

说着，说着，两人对视而笑。

三

作为特困片区县，吉水有"十三五"贫困村四十一个，建档立卡贫困户七千五百四十一户、一万八千四百一十五人，任务重、压力大。为此，县里对扶贫工作实行挂乡包村、分片督导机制，县扶贫办派出七个工作小组，辐射所有乡镇、村组。

在毛小军的记事本里，屡次提到他跟彭午林下乡的事情。

每周最少下乡两次，每次安排看两个乡镇，每回必看村组，这是彭午林下乡的“铁律”。他业务熟，心肠热，镇里、村里的干部都喜欢跟他亲近，可是，大伙儿又都“怵”他，因为这个“黑脸包公”认真起来，可谓六亲不认。

白沙镇常务副镇长胡志明算是领教了彭午林的认真劲。

又黑又瘦的胡志明在镇里分管扶贫工作，从2018年开始跟彭午林接触。他感觉自己年纪偏大，视力不好，日常工作有扶贫站的两名干部抓好落实就行，台账资料马虎一点也没啥。但彭午林不认可，那天，他发现资料盒的标签不规范，当场要求整改。

胡志明认为这无碍于工作，没有必要小题大做。

彭午林也不理论，低下头，自己动手去重新整理。

验收扶贫车间时，在玩具厂这一环节卡了壳。按照要求，每个乡镇要建立三个扶贫车间，通过胡志明的努力，白沙圩镇上的一家玩具厂老板答应提供六七个岗位给贫困户就业，实行计件工资，个人可以在家灵活安排时间。由于个别贫困户没有重视，完成的产品少，导致收入较低。

彭午林一核实，立即有了谱，“工资不达标，要进行整改。”

胡志明急了:“岗位有了，收入有了，都是实实在在的事情，不要那么死板嘛，你抬抬手不就过去了吗？”

彭午林毫不犹豫地道:“扶贫工作不是小孩子过家家，一就是一，二就是二。”

胡志明无奈，立即组织人手落实整改，最后终于达标。

吉水县融媒体中心驻飞行村第一书记周绍腾跟彭午林第一次见面，是在恩江之畔的县委党校。2018年5月，周绍腾作为扶贫战线上的“新兵”，参加了全县驻村第一书记、驻村工作队队员、村镇扶贫专干业务培训班。彭午林应邀前来讲授扶贫政策和业务知识。周绍腾发现这个貌似不苟言笑的人一旦开讲，竟然旁征博引，深入浅出，很善于用案例来解析政策，不时爆出金句。彭午林几乎不看笔记本，整堂课如同行云流水，一气呵成。周绍腾暗暗叹服：不愧是扶贫政策的专家！

巧的是，周绍腾入驻的飞行村，隶属白沙镇管辖，而白沙镇，是彭午林挂乡包村、分片督导的对象。很自然，周绍腾与彭午林的接触与日俱增，由素昧平生渐渐成为老熟人。

真正一深入交往，周绍腾也“怵”彭午林的认真劲。

“这个人下乡检查，从不蜻蜓点水，从不将就敷衍，像一把医生的手术刀。”周绍腾不止一次向朋友吐槽。

那次，彭午林来检查“爱心超市”的开办情况。按规定，对贫困户的评议结果须进行公示，并留存相关照片放入专门的资料盒里，周绍腾却把照片放在了会议记录这一块，装在了另一个资料盒中。这种做法，被彭午林判定为“缺项”。

最初，周绍腾觉得十分委屈，认为彭午林原则性太强，没有人情味。

“在扶贫的事上，我不能打折扣。”电话里，彭午林给出了解释。

螺田镇党委副书记李程达对彭午林的认真劲记忆犹新。

2019 年 8 月，李程达调任螺田镇，分管脱贫攻坚工作。2020 年元旦过后，彭午林打电话说，南田村有个亮化工程的扶贫项目急需验收，想明天就过来。

时逢年底，一大堆的活正等着李程达去料理，他看了一眼窗外的绵绵冷雨，建议年后再说。

彭午林忽然降低了语调，缓缓道：“李书记，不瞒你说，包工头欠着农民工的工资，盼着这笔工程款呢。农民工不容易啊，马上就要过年了，咱们不能拖欠。”

李程达不由得动容了。

南田村的地理位置十分特殊，它“孤悬”于永丰县境内，距离螺田镇有数十公里，得穿插永丰县辖区才能抵达。彭午林、李程达两队人马会合后，冒着风雨直奔目的地。

这一回，李程达算是真正见识了彭午林的认真，这位管政策法规的专家，竟然亲自一个一个地数路灯。对项目里的每一个数字，彭午林都不肯轻易放过，非要测准核清为止。

看完现场，已是午时，李程达建议先去填饱肚子。彭午林说：“晚点吃吧，我们先把账算清，速战速决，好让大家早点领到工资。”

群众利益无小事。从彭午林的身上，李程达看到了一个榜样。

四

彭午林喜欢中国优秀传统文化，也喜欢杨万里、解缙这些吉水先贤。空闲之时，他徜徉于赣江边的文化公园，欣赏那些名人雕像，默默念着“小荷才露尖尖角，早有蜻蜓立上头”，此刻，自己仿佛穿过时空隧道，与他们载色载笑。

或许由于深受这些传统文化的熏陶，彭午林的潜意识里，崇尚修桥铺路这些关乎民生的义举。

↑ 吉水县文化公园一角

2019年6月，洪水冲毁了白沙镇

↑ 飞行村村部

飞行村安仔前组通往上、下廖元组的石拱桥，断了交通，五六百名村民进出受阻，村里的木材加工厂不能不停工。村支书郭忠腾急了，四处求助，却碰了一鼻子灰。

正好彭午林到飞行村督导扶贫工作，郭忠腾忐忑地提到了修桥的事。

彭午林看了郭忠腾一眼，放下茶杯："走，看看去。"

眼前，是湍急的流水，昔日的石拱桥，只剩下两岸的几块青石板。看见来人，对面村庄的村民大声喊："领导同志，行行好，这桥是我们村的命根子啊。"

彭午林挥着手致意，心里却五味杂陈，蛮不是滋味。

回到县里的当天，彭午林推开了陈忠玫办公室的门。很快，县扶贫办班子达成共识，决定施以援手了，他们从移民后扶资金里挤出七万元，用于飞行村重建桥梁。

当年 12 月，一座新桥如虹飞架，两岸的村民们欢呼如雷。

孝道，是中华文明的精髓之一。这几年，彭午林心中一直有个隐痛，那就是对父亲的亏欠。

现任吉水县城市社区管委会主任、县扶贫办原后扶中心主任肖红发记得，彭午林的父亲瘫痪多年，而母亲年迈，护理的活都是彭午林来做，更换衣服，擦洗身子，舒筋按摩。但在同事、邻居面前，彭午林绝口不提家里的困难。

父亲的情况越来越不乐观，医院几次下达病危通知。彭午林依然把一切埋在心里，未吭一声，奔波于医院、单位两点一线。

作为多年好友，肖红发忍不住了：“午林，多请几天假吧，单位的事永远忙不完，可是老人的时间有限呀。”

彭午林一时默然。转过身，他该下乡时还是下乡，该加班时自觉加班。夜深人静时，彭午林呆呆地坐在病榻旁，凝视着睡梦中的父亲，伸出手，轻轻地抚摸着老人如枯树皮一般的脸，眼眶里泪珠打转。

父亲走的那天，彭午林向陈忠玫悄悄请假，单位的同事没有几个人知晓此事。后事一料理完，他又扑在了岗位上。

肖红发生气了，私下里责怪道：“午林，你不孝啊。”

彭午林低下头，半晌，两眼红红地说：“我的确对不住父亲，可是，我很矛盾，真的，怎么选择，心里特别纠结，特别痛苦……”

树欲静而风不止，子欲养而亲不待。陈根平是县扶贫办政策法规股的干部，与彭午林在同一个办公室待了将近两年。闲聊时，他不止一次听到彭午林的自责：“我特别对不起父亲，没有好好陪他度过最后的日子。”

彭午林一直心怀愧疚的还有老母亲、妻子、儿子和小女儿，他根本没有抽出多少时间陪伴亲人。儿子从初中读到高中，彭午林基本没有陪伴；女儿 2017 年年初出生时，恰逢国家和省里开展脱贫攻坚成效考核的关键节点，他根本无暇顾及。他所能表达的方式是：半夜回到家中，轻轻地在小女儿的脸上亲吻一下；冷天时，一早烧好炭火，不让老母亲受寒。

“实在是没有时间”，这是同事们听到的彭午林说得最多的一句话。

陈根平注意到，每到黄昏六点来钟，李剑玉便会来电话催丈夫回去吃饭，而彭午林的回答往往是：“抱歉，老婆，手头上还有工作，要晚一点回去。”这个“晚一点”，常常是午夜两三点钟。单位的门卫习惯了这个近乎工作狂的“邻居”，干脆给彭午林专门配备了侧门钥匙。

疫情期间，彭午林终于跟家人有了一段短暂的甜蜜时光。妻子拍摄下了这样一段珍贵的抖音视频：彭午林陪着女儿快乐地跳舞，不时爆出幸福的笑声，画面之外，还夹杂着李剑玉边拍边笑的声音。

遗憾的是，幸福如同一件高洁的瓷器，一不小心掉落在地上，碎了。

五

春天一到，吉水县扶贫办门口的几株山茶花便如期绽放，大朵大朵的，红艳如霞。

政策法规股所在的107号办公室，与山茶花隔窗为邻。彭午林喜欢对着窗口一边抽着他钟爱的香烟，一边看着青春勃发的山茶花。他想起了自己读师专的校园时光，想起了与妻子相恋的青涩日子，也想起了女儿粉嘟嘟的小脸。

时间多么像浩大的赣江，怀着深爱的我们只能是一朵浪花。彭午林心中明白，这朵浪花，唯有置身时代的舞台上，才能实现最大的价值。

扶贫工作是一项高尚的事业。在这个大熔炉里，一个扶贫干部先要治疗好自己思想上的暗疾，才会加倍努力去点亮贫困户这些弱势群体的“心灯”。

自己只不过是一只微不足道的萤火虫，彭午林心里明白。但，他不后悔选择奉献每一点微光。

塑料垃圾桶里，装的最多的是烟盒和烟灰。陈根平已经习惯了这样的情景，他有时候感到内疚，如果自己的笔杆子更强一些，多少可以替股长分忧。

2019年10月的一天，陈根平悄悄打开电脑，写了几行，或许心有余而力不足吧，他又不得不懊丧地垂下了头。

彭午林似乎猜到了这位“80后”的心事，笑眯眯地说：“怎么，小伙子想学公文写作？正好，吉安市扫黑办马上到我们单位督导工作，需要准备一个汇报材料，你来主笔，我来协助。”

按着彭午林说的思路框架，陈根平忐忑不安地梳理着单位的特色做法。他发现，说是一回事，写是一回事，一旦做起文章来，对《新华字典》里的字，竟然不知如何排列组合。陈根平硬着头皮完成了“处女作”，请彭午林斧正，彭午林认真读了一遍后，逐一指出需要修改和注意的地方。

“要多阅读，包括文件、资料，要多练笔，特别是要善于结合单位实际情况进行思考。冰冻三尺，非一日之寒。慢慢来，你会有收获的。”彭午林鼓励道。

陈根平后来才知道，那个汇报材料，彭午林最后还是自己在家里熬夜重新写了一遍。

一来二去，陈根平摸出了彭午林的工作规律，但凡他白天忙着翻阅资料或者发呆，那么，十有八九晚上要加班，有重要文稿需要他操刀。

如果说，彭午林的遽然离世对于陈根平而言是失去了一位良师，那么，对于陈忠玫来说，是一种“断臂”之痛。很长的一段时间里，他会做着假设：那天要是不将任务交给午林，或许他能够躲过一劫……

一个脱贫攻坚的“尖兵”终究去了远方。那段日子，陈忠玫不敢面对彭午林的妻子和老母亲。

没有几个人知道，只要一到一楼，陈忠玫常常会情不自禁地往107号办公室那边走几步，然后，他又停了下来，发呆。

没有几个人知道，陈忠玫坐在办公室签批文件时，看着，看着，满脑海浮现出彭午林的形象，眼角，有热热的液体滑落，他默默摘下眼镜轻轻擦拭。

今年春天，门口的山茶花又盛开了，隔窗看花的人，不在了。

六

风雨过后见彩虹。

2021 年 2 月 25 日，这个必然永远被铭刻在人类历史上的光荣日子，我国向世界庄严宣告，中国脱贫攻坚战取得了全面胜利。

吉水县扶贫办一派喜气洋洋，人们好像过节一般。在单位会议室观看完全国脱贫攻坚总结表彰大会现场直播，陈根平兴冲冲地打开办公室的门，忽然，他的视线落在窗外的几株山茶树上，一朵朵茶花，开得浓烈奔放，分外娇艳。他忍不住轻轻叫了一声："午林大哥！"

这一天黄昏，肖红发、刘启东约了县扶贫办综合股股长许冬兵一块去看望彭午林的家人。彭午林的母亲已经八十六岁，老人一见大伙儿，又是高兴，又是难过，说："午林要是还在，该多好。他呀，就是轻伤不下火线的人，只要是扶贫的事，好像就不愿意闲下来。"

李剑玉招呼大家在院子的小桌边坐下，热情地泡了一壶好茶。

话题，不知不觉就扯到了脱贫攻坚上面。似乎，这是他们日常生活不可或缺的一部分。

"午林哥这次被评为全省事业单位脱贫攻坚专项奖励记大功个人了。"许冬兵说。他实在感慨，彭午林生前每到全县对事业单位人员年度考核评优时，总是将名额让给年轻人，这回，午林是没办法推让了。

一抹夕照从树上缓缓滑落到了桌上，春风吹着叶子，发出簌簌之声。这时，刘启东看到了屋檐下的一辆破旧电动车，是那么的熟悉，他忍不住站起来，缓缓走过去。

“这是我爸爸的车，等爸爸回来了，他会带我骑车出去玩。”突然，一个稚嫩的声音在后面响起。

刘启东回头一看，彭午林的小女儿正忽闪着一双清澈的大眼睛看着自己。

刘启东的眼睛一涩。眼前，仿佛放映着一部老影片，镜头里，彭午林慢慢弯下腰，轻轻地亲吻着睡意正酣的女儿……

小巷里，传来一串电动车的喇叭声，然后，丢下一串笑声，有男子的笑声，也夹杂着孩子的笑声。再然后，被春风捎走。

14

杨仙岭下

山不在高，有仙则名。
水不在深，有龙则灵。
斯是陋室，惟吾德馨。
——刘禹锡《陋室铭》

一

过赣州城郊沙河镇不远，西北横亘着一座以硅酸岩为主要地貌景观的山体。山势不高，却披翠耸绿，振兴塔屹立巅峰，邀云望日，有仙界之仪。这便是蜚声中外的杨仙岭。

从山下往右拐入一条乡道，翠竹掩映，青松点缀，溪流淙淙，日影曈曈，俨然一派世外桃源风光。令人意外的是，如此优美的环境之中，竟然卧藏着赣州市十八个贫困村之一的罗坑村。

章贡区农业农村局派驻沙河镇罗坑村第一书记兼驻村工作队队长钟乾隆叹息一声，从车窗外收回视线，用双手揉了揉太阳穴，疲惫地合上眼睛。

同事胡明把着方向盘，透过后视镜瞥了一眼，心中忍不住一酸，老钟太拼了，为了建设罗坑体育小镇的事，他承受着超强压力，付出的实在太多……

罗坑村的九个村民小组分散在杨仙岭下十三平方公里的山谷洼地，全村有三百四十八户一千三百七十六人，其中有贫困户三十八户一百一十四人。由于地形所限，全村形成多处小梯田，村民们仿佛生息于大山的唇齿之间。

从 2015 年入驻罗坑村起，钟乾隆带着村委会、工作队一班人一直在苦苦探寻，如何借助产业，撬动全村的发展。他们争取到了四批免费鸡鸭苗，扶持贫困户发展养殖业，仅此一项便给每个家庭增加年收入三千元。2016 年 11 月，中国山地自行车公开赛在赣州举行，罗坑村南田组北边半山腰是一个重要站点，建有赛事广场。赛事完毕后，赛道使用率不高，钟乾隆在多次深入调研的基础上，琢磨开了：杨仙岭是户外运动者的天堂，离赣州市区近，人气旺，何不结合罗坑村的资源优势，大力发展乡村旅游？

他找到了罗坑村党支部书记吴玉明商量此事。待钟乾隆提出“智慧体育小镇”的概念后，吴玉明的眼睛不由射出精芒，兴奋地一拍大腿：“太妙了，我看行。”

兵贵神速，说干就干。罗坑村成立了赣州旅联旅游发展有限公司，吴玉明任董事长，钟乾隆任监事，他们聘请专业公司运作，开发相关软件，整合当地农副产品，“泥腿子”念起了“旅游经”。

↓ 今日罗坑村

万事开头难，旅游是个综合体，从哪儿找切入口呢？钟乾隆建议先在杨仙岭景区到山地车赛场之间，建一条生态游步道。当时，这二者中间并没有路，他带着村干部攀着树枝、踩着苔藓，一步一步攀登，选择路径，往返不知多少次后，终于走出了一条小路。经过反复论证，他们将建设游步道的方案定为长一点六公里、宽一点七米。

面对赛事广场周围随处可见的小山包和坑坑洼洼，罗坑村的不少村民抱有深度怀疑，很多人选择了沉默。建设必然涉及征地，可钟乾隆带着村干部登门做思想工作时，群众要么是冷眼相向，要么选择事不关己高高挂起，要么脚底抹油一走了之。钟乾隆不气馁，一次不行，那就二次拜访，二次不行，那就三顾茅庐。道理，越讲越透；打开铁心肠，真诚是最有效的钥匙。

天上不会掉馅饼，一分钱难倒英雄汉。资金从哪里来？钟乾隆向“娘家”章贡区农业农村局求援，争取到了第一桶金二十五万元，显然，这杯水车薪远远满足不了需求。他决定迈小步、分步走，边干边筹集。于是，施工队开拔进了罗坑村，沉寂的杨仙岭响起了机器的轰鸣声。

第二笔资金，三十万元，是钟乾隆的诚心感动了章贡区发改委，对方慨然支持。

那些天，钟乾隆像一位化缘和尚，不放过任何一个筹资的机会。建成“罗坑体育小镇”的梦想，折磨得他寝食不安。谁都没有想到，钟乾隆用“滚雪球”的方式，总共争取到了三百万元扶持资金，另外多方筹资近两百万元。

铲车一步步掘进，梦想一步步接近现实。

2019 年的夏天，赣州遭遇罕见的干旱，三月无雨，山上缺水，施工受阻。钟乾隆踏遍附近的山头、村庄，终于发现河头村烂泥垅组有一个水塘，常年不涸，是一处理想的水源，可以从这里抽水上山。

钟乾隆兴冲冲地前去接头，对方的负责人接过他递过去的香烟，喷出一个个白圈，但就是不开口表态。

钟乾隆急了:“兄弟，你是党员吗？”

对方一愣，呆呆地看着钟乾隆。

钟乾隆俯瞰着山谷间的罗坑村，镜片后的目光充满深情，他缓缓说道:“我是一名党员，是一个外来的罗坑人。几年了，我太了解罗坑百姓的日子有多难，他们实在是穷怕了，连做梦都想拔掉穷根呀。我没有孙悟空的本领，可我认定了，实干，才能改变罗坑人的命运。这条游步道，是一千三百多颗心哪！大家都在盼着呢！你说，我们这些党员，总该做点事吧？”

对方夹着烟头的手指颤抖了几下，看向钟乾隆的目光，变得越来越柔和。

水的问题解决了。杨仙岭的腹地里，传来响亮的机器声。

对于钟乾隆而言，游步道是罗坑人能否告别贫穷的“生命线”，更是他建设体育小镇这个“理想国”的起跑线。他撸起袖子，卷起裤管，大到混凝土技术指标，小到拌砂调浆，无不亲自把关、过问，常常是既当指挥员，又当搬运工，一身泥水十指黑。

2019年年底，一条从罗坑村体育小镇通往杨仙岭主峰的游步道如期展现在世人的眼前，仿佛一条彩色绸带，飘舞于山岚绿海间。

但这仅仅是起步，钟乾隆准备下一盘更大的“棋”。

转过年来，钟乾隆开始实施扩大运营规模的计划，指导村委申请到了一百五十万元“集体经济信贷通”，着手兴建游客集散中心，一批旅游设施随之有序投入建设。户外健身、团建拓展、旅游研学、住宿餐饮等相关服务迎头跟进。

嗅觉灵敏的投资商闻风而动，他们捕捉到了某种商机。卡丁车、七彩滑道、射击馆、枪炮馆、儿童乐园应运而生。

一座全新的体育小镇，迅速在杨仙岭下崛起。它像一个遒劲的龙头昂起，引领着罗坑村开始起舞。

溪流淙淙，鸟鸣树影。罗坑村部到了。

胡明将汽车开进小院，掉过头来："钟书记，我建议你最好抽空去医院检查一下，最近你的气色不太好。不舒服一定要去医院，不能拖。"

钟乾隆感激地看了他一眼："没事，再坚持一下吧，等忙完这一阵子就好了。"

凝视着那个缓缓上楼的背影，胡明摇摇头，半晌，叹息一声。

二

在罗坑村待的五年间，钟乾隆几乎走遍了这儿的山山岭岭，熟悉每一户人家的喜怒哀乐。但要说去的次数最多的几户人家，南田组的贫困户刘月英家算是一个。

刘月英生于20世纪50年代初期，左眼失明，右眼弱视，其丈夫彭学煌患了肠癌，女儿彭宗荣外嫁赣县，由于老两口生病，家里缺少劳动力，这个家庭被列为罗坑村建档立卡贫困户。

钟乾隆第一次走进刘月英家的土坯房时，被里面家徒四壁的情况震惊了。里里外外仔细看了几遍，他心中基本有了谱。

"嫂子，你这房子得进行土坯房改造。"钟乾隆直截了当地道。

刘月英两手一摊，操着浓厚的客家口音说："土坯房改造当然是好政策，可是，你瞧瞧我们家的底子，根本没有这个能力。"

想了想，钟乾隆说："嫂子别急，我来琢磨琢磨。"

听说了刘月英家的困难后，驻村工作队全部出动，动用各自的资源，功夫不负有心人，终于，他们找到了"百企帮百村工程"结对帮扶罗坑村的企业负责人，对方听钟乾隆等人说明来意后，痛快地满口答应为刘月英一家提供志愿行动，免费送来了水泥、红砖等建筑材料。加上政府补贴的两万元，老两口的新房子如愿成为现实。

乔迁时，彭学煌、刘月英破天荒摆了一桌酒席，专门感谢帮助过他们的人。刘月英笑逐颜开，两眼像眉月，一双榆树皮一般的手紧紧握着钟乾隆的手说："共产党的干部真是好样的，只要有你们在，我们老百姓的日子一定会越过越好。"

"疾风知劲草，板荡识诚臣。"在时光的叠加中，钟乾隆不知不觉间成为刘月英家的"亲人"。彭学煌要去赣州市治病，钟乾隆立即开着自己家的车专门送他去医院，并叮嘱说："要用车时，随时来电话。"刘月英时常会接到钟乾隆的提醒电话，要她遇事不要急，慢慢来，小心跌跤。有时候，钟乾隆从市区的家中回到村里，会捎来一箱水果，他解释说是妻子备好的，当作走亲戚。

2019 年过年前，彭宗荣从赣县回到娘家探亲，正好遇到钟乾隆来慰问，送上米和食用油后，他从汽车的后备厢里取出一对写着"五福临门"字样的红灯笼，亲手挂在了门前。

那一刻，彭宗荣的心潮沸腾，暖流奔涌。她关心道："钟书记，你家门口也挂了红灯笼吗？"

钟乾隆想也没想，答道："你家挂了，等于我家挂了，是一样的喜庆。"

新冠肺炎疫情肆虐期间，钟乾隆给彭宗荣打去电话："小彭，你母亲的高血压药品备好了吗？"当得知因疫情事发突然，刘月英备用的药品即将"弹尽粮绝"时，钟乾隆说："交给我去办理好了，特殊时期，你们千万不要乱跑。”

丈夫彭学煌2017年去世后，刘月英还有一桩心事未能了却，她一直想把屋后濒临溪流的那块空地利用起来，用于养殖，她不想总戴着“贫困户”的帽子，不想给政府增添太多的麻烦。钟乾隆无意之间知道了老人的“心病”。

群众之所想，权力之指向。2020年4月，钟乾隆筹集了资金，组织了力量，在刘月英屋后的溪畔砌了堤，建了围墙，铺了水泥面。老人又一次喜极而泣。如今的后院，流水唱幽，竹林滴翠，成了欣赏风景的好去处。

大屋下村头，两棵苦楝树顶着新绿的叶子，株守着乡道上的风尘往来。一侧，山道蜿蜒，往山间幽深处攀爬。一口偌大的水塘摇曳着天光云影，斑斓变幻。岸上，一畦畦菜地朝两边做“扩胸运动”，茄子、豆角、辣椒正纷纷酝酿着绿意葱茏的梦。白蝴蝶成群起舞，一会儿往东，一会儿往西，一会儿集合成大部队，一会儿散成小分队，追逐流连，时分时合，舞姿蹁跹。不远处的一面墙上粉刷着几个字：少年强则中国强。贫困户伍皇英家的两层小楼就坐落于如此的乡村风光之中。

儿子、丈夫先后因病去世，原本其乐融融的家，只剩下六十多岁的伍皇英与还在上学的孙子相依为命。在钟乾隆的帮助下，伍皇英和孙子成为低保对象，但这不足以补贴家用。钟乾隆看得心急，找吴玉明商量，如何确保伍皇英不再返贫。他们决定安排伍皇英全日制扶贫专岗，每月可以领取一千五百元报酬，得以补贴家用。

后顾之忧解决了，念过高中的伍皇英一身轻松，积极报名参加罗坑广场舞队，每天跳那么一阵，乐那么一阵，渐渐找到了人生的乐趣。她惊讶地发现，教师出身的钟乾隆多才多艺，在吹拉弹唱方面更是行家里手，他拍摄的广场舞视频，颇有“大片”的感觉。

社官前组五保户湛金元的家与伍皇英家隔着一池碧水，紧挨着山林。2018 年 8 月，钟乾隆带着包保干部刘雪亮前来家访，看着一排爬满青苔的土坯房，他蹙起了眉头：“房子很危险，要抓紧拆除，重新规划、设计。”湛金元苦笑：“这排房子归属我们三兄弟，一人一套，其他两个虽然已经搬离，但他们肯定不支持拆，我这一点地基，没法重建啊。”

没过几天，天降暴雨，山上的一棵树轰然倒下，恰巧压到了湛金元的土坯房上，发出“喀啦啦”的巨响，人倒侥幸没事，可是，屋顶被砸出一个“天窗”，雨水如瀑倾泻下来。湛金元傻眼了。

事情到了这种地步，湛金元没有退路了，只好向两位兄弟问计，两人没吭声。湛金元一看，没辙，便掉头跑去找钟乾隆求助。

钟乾隆二话不说，叫上吴玉明，冒雨去了社官前。他敲开了湛金元兄弟的门，拉着他们到了现场。眼前一片狼藉，残砖断瓦，物品尽湿。

“兄弟本是同根生，几世修得风雨渡？情况你们全部亲眼看到了，再不建房，湛金元就无家可归了，别的不说，兄弟一场，如果不伸手，村民们还不得戳你们脊梁骨？”钟乾隆的语气沉重而恳切，“房子，我们一起想办法，但这地基，还请两位哥哥深明大义，帮湛金元一把吧。”

一直没吱声的两兄弟相互对视了一眼，情不自禁点了点头。

三

杨仙岭下风光好，不到罗坑不知穷。

昔日的罗坑村，道路坑坑洼洼，房屋破旧不堪，乱搭乱建成风，环境卫生怎一个“脏”字了得。甫一进村，钟乾隆犹如冬天吃了顿冰西瓜，透心凉。比及魅力四射的赣州市区，罗坑村分明是咽喉里的一根“刺”。

开弓没有回头箭。钟乾隆决定烧“三把火”。

第一把火，是村庄整治。钟乾隆带着扶贫队员早出晚归，走进村民家中，走进田间地头，宣传改造毛坯房的政策，征求大家对村组规划的意见。

事实胜于雄辩。他们将争取来的五百万元新农村建设资金，硬化了入户道路，统一了外立面建筑风格，扎扎实实地开展庭院整治。钟乾隆趁热打铁，又争取到了一千万元配套设施建设资金，用于修建活动场所，安装太阳能路灯。更为人称道的是，他带着人寻遍杨仙岭的山冈涧水，选定最佳水源，建设了五个集中供水工程项目，福及罗坑村家家户户。不久，又投入一千二百万元，修通了六米宽的环村柏油路。

村容村貌，在一千三百多双眼睛的注视里发生着蝶变，罗坑村像个“女大十八变”的少女，变得风情万种起来。大伙的心房亮堂了。

第二把火，是产业“生钱”。脱贫攻坚的关键，得依靠稳定的产业，让贫困户们摆脱贫穷的梦魇，让老百姓的口袋鼓起来。钟乾隆提出了打造罗坑体育小镇的概念，引擎一响，民宿旅馆、餐饮小店、活动区、烧烤区、阅读基地等如雨后春笋般冒出，罗坑村的乡村旅游经济如火如荼地发展起来了。

面对掌声，钟乾隆没有飘飘然。他又有了一个想法，将闲置的八十亩土地流转起来，种植红薯，用好贫困户的劳动力，让他们参加分成。于是，六位贫困户村民踊跃出工，拿到了每天一百元的工钱，全村的贫困户们分享了三万多元利润。三两三一袋的“初心薯”，被标上“罗坑特色体育小镇”的印记，畅销赣南，走向全国。

鱼丝是赣南的传统小吃，山杉下组的黄喜琴擅长做鱼丝。钟乾隆跟老人商量，由黄喜琴牵头，组织人员利用年前的农闲时间制作鱼丝，扶贫队负责促销之事。鉴于市场上的鱼丝粉多鱼少，质量参差不齐，钟乾隆只提了一个要求：“一定要用良心做鱼丝，确保货真价实。”黄喜琴满口答应，邀上几位姐妹，风风火火地忙活起来。果然，罗坑村的“良心鱼丝”一炮打响。

第三把火，是做村民的亲人。贫困户黄五香的屋顶漏水了，钟乾隆第一时间联系工人修缮。天气变冷了，贫困户刘月英总是能及时接到钟乾隆的电话：“嫂子，这几天降温，别忘记多穿些衣裳。”山杉下组的黎泽贵患有先天间歇性精神病，钟乾隆有空时便上门与他及其老母亲同吃、同住、同劳动，按时提醒对方服药。

一定要让贫困户有个稳定持续的增收渠道。钟乾隆找到附近的沙河工业园、玉禾田公司及一些私营企业，请对方优先将那些门槛低、技术要求不高的岗位介绍给罗坑村的贫困户们。通过努力，五十二人高高兴兴地实现了就业。对实在无法外出务工者，村里开发出十六个扶贫公益性岗位，以解决他们的就业问题。

罗坑村的人们永远铭记着这样的场景：桃李树下，钟乾隆亲热地跟村民拉家常，睿智风趣的语言不时引起阵阵笑声；饭菜飘香的厨房里，钟乾隆满头大汗地挥着锅铲，镜片上蒙着一层水雾，为贫困户做有滋有味的“爱心晚餐”；鸡鸣犬吠里，钟乾隆抱着村民的孩子，一会儿举过头顶，一会儿做着怪脸，逗得孩子“咯咯”直笑。

真亲人。这是罗坑村村民在背后对钟乾隆的定语。

“些小吾曹州县吏，一枝一叶总关情。”几度风雨，几度春秋，钟乾隆选择了泥泞，更选择了燃烧。

种瓜得瓜，种豆得豆。昔日贫穷落后的罗坑村，变成了村民的乐土，华丽转变为江西省“绿色社区 美丽家园”示范社区、赣州市文明村镇，被评为“赣州市廉政文化建设示范点”“章贡区先进基层党组织”。

2020年7月26日夜晚，罗坑村在体育小镇的“网红夜市”上拉开了啤酒节的帷幕，一向沉稳的钟乾隆站在露天舞台上唱了一曲《大海》：“如果大海能够唤回曾经的爱，就让我用一生等待；如果深情往事，你已不再留恋，就让它随风飘远……”

四

人间最美四月天。钟乾隆很喜欢四月里的罗坑。

他住在村部二楼的最尽头，房间不大，是曾经的农家书屋。靠窗的墙壁上，挂着一块长方形牌匾，上面写着作家高尔基的名言：“书是人类进步的阶梯。”左侧的墙面则是一块“道德讲堂”的宣传板。

钟乾隆刚驻村时，吴玉明本想把房间整修一下，他摆摆手：“这样挺好，让我有一种回到校园的感觉。”钟乾隆曾经在赣州市第九中学教书，举手投足之间，迄今还保留着一股儒雅味。

房间里唯一的不便是没有地方晾晒衣物。钟乾隆想了想，自己找了根废弃电线，固定在墙角，顺利解决了难题。

进入四月，村部前的溪流日夜欢歌，鸟儿们争相亮开嗓子，泡桐举着一树树雪白的花，香樟愈加生机勃勃，杨仙岭的云雾，说话间，就飘进了房屋里。凭窗看去，一处小型梯田汪着绿，从山腰滑翔到山麓，一幢幢簇新的楼房错落有致，白鹭时而亮翅，在空中划出一个弧形后，栖落田间。每次欣赏着如此景致，仿佛沉浸于陶令笔下的田园诗中，钟乾隆的心情大好。

不过这次，脾气特好的邻家大哥钟乾隆也忍不住发怒了。早上，一进办公室，他习惯性地查看由村扶贫专干兼联络员谢晓燕负责的电子台账，一眼就发现了一个纰漏：寨背坑组的贫困户、六十三岁的侯礼湖有个孙子叫侯子阳，这次由初中升高中了，按规定，其资助标准应随之调整，而谢晓燕一时疏忽大意，信息更改没有跟上。

“这么简单的失误都没有发现，太粗心了，群众的小事都是大事，容不得我们有半点马虎啊！”钟乾隆用手指敲着桌子，镜片后的目光冷峻得像刀片。

谢晓燕将头勾到了胸前，大气不敢出，眼泪不争气的像断线的珠子往下掉。

其实，谢晓燕打心眼里敬佩这位书记大哥，他办事实在是太认真、太严谨了，甚至对哪家贫困户的房屋漏雨、哪家贫困户的窗子需要维修，都能记得一清二楚。

2018 年 6 月，负责罗坑村计生、妇女工作的黎婷陪着钟乾隆进行“空心房”调研，走到大屋下组时，钟乾隆被荆棘割破了小腿，他却一声未吭，叮嘱她在原地等待，自己则钻进野草丛中，继续观察、记录一座空心房的结构、现状情况。黎婷悄悄将钟乾隆的一点一滴整理成了一篇《我身边的第一书记钟乾隆》，文字质朴，细节感人。无意间得知黎婷喜欢写点小文章，钟乾隆很是振奋，勉励她好好学习写材料，并毫无保留地传授经验，亲手逐字逐句推敲修改，使黎婷大受裨益。

“老钟多才多艺，对琴棋书画无所不通。”负责包保罗坑村的沙河镇纪委书记王冬很早就与钟乾隆相识，并跟大伙津津乐道起钟乾隆在学校里的往事，每回开家长会时，为了融洽关系、活跃氛围，钟乾隆总是适时表演独唱，声情并茂，赢得满堂喝彩。缘分所使然，想不到有一天，他们又在一个战壕里相遇，共同为脱贫攻坚而战。

曾经的扶贫队队员、现任章贡区农业农村局派驻罗坑村第一书记王浦飞知道，对罗坑村一往情深的钟书记，其实内心一直有个遗憾：没有陪妻子和女儿去北京天安门观看升国旗的仪式。2020 年春节前，钟乾隆原本早早预定了机票，准备兑现对妻女的诺言，谁知，一场突如其来的疫情打乱了所有的计划。钟乾隆默默地取消计划，第一时间出现在罗坑村的抗疫现场。

多面手钟乾隆在 2019 年罗坑村举办的庆祝建国七十周年红歌赛上的表现，再次令黎婷等人刮目相看。黎婷收集好十八首参赛曲目后，钟乾隆觉得“清唱”不够层次，便亲自下载音乐，一一制作 MV，途中有人更换歌曲，他予以充分理解，并连夜加班重新制作。红歌赛取得了空前成功，当钟乾隆带着村干部高歌《我和我的祖国》时，全场沸腾了，村民们不约而同站起身，齐声唱道：“我和我的祖国，一刻也不能分割，无论我走到哪里，都流出一首赞歌……”

似乎，每一个人的心中，都有一本关于钟乾隆的书，当时不觉得，之后，书香竟如同编钟的回响，袅袅不绝。

五

时间的指针，即将定格于一个悲情时刻。

2020 年 9 月 21 日夜晚，忙碌了一天的钟乾隆与同事胡明回到了村部。

胡明将汽车停好，正要开门，后座的钟乾隆悠悠说了一句：“好累，我坐一会儿，你先上去。”

胡明并没有马上走开，而是坐在一楼的办公室里等待。约莫过了半个多小时，他轻手轻脚走过去，发现钟乾隆已经酣然入睡，呼噜声如同闷雷滚滚。胡明迟疑了一下，终究没有忍心推醒对方，钟书记太累了，这段日子，他几乎每天都是前所未有的疲惫。胡明将车窗摇下一部分，锁好村部大门，这才回了自己的宿舍。

此际，沉寂的杨仙岭如一幅古老的水墨图。溪流潺潺湲湲，秋虫鸣叫声此起彼伏，进行着一场没有看客的演奏。一弯眉月出云层，静静守看着这方热土。再过几天，就是中秋节了，钟乾隆的梦乡里，一定有妻子、女儿的笑靥，天伦之乐，是人间美事。

这一夜的杨仙岭，是那般的短暂；这一夜的杨仙岭，是那般的漫长。

鸟鸣再一次叫醒罗坑，却再也没有叫醒钟乾隆。

胡明一骨碌从床上爬起，下意识地小跑到自己的那辆私家车前，一看，钟乾隆竟然还斜靠于后座，脸色安详。胡明叫唤了几声，但是，钟乾隆没有任何反应。一个不祥的念头骤然在胡明的脑袋里出现，他慌忙提高嗓门叫唤，然而，钟乾隆依然一动未动。胡明伸手一探，似乎没有鼻息，一股冰凉的感觉浸入骨髓。眼泪，瞬间滑落下来。

不远处的屋檐下，谢晓燕正在洗衣服，忽然，一长串警报声打破了山村的平静，她随口跟正在厅堂里发呆的家公说了一句：“不知是谁生病了，好像就在村部附近。”

家公叹了口气，低声道：“听说是钟书记走了，我刚刚散步时听说的。”

谢晓燕傻了，手中的衣服滑落在地，她猛地捂住了自己的嘴。半晌，她清醒过来，一边抹泪，一边拔腿就往村部方向飞奔。

像往常一样，一早，王冬给各位驻村第一书记通过微信发出工作提示。他今天提示的内容是关于疑似漏登政策汇总表的填写说明，很自然，他毫不犹豫的同时发给了钟乾隆。其实，钟乾隆昨天黄昏已经答复：罗坑村经再次核实，无一遗漏。

就在此时，手机的铃声响起来了，他从来没有这种感觉，这铃声，似乎很惊心。电话里，传来吴玉明焦灼的声音。听着，听着，王冬只觉得眼前一黑。

2020 年 9 月 22 日清晨，一个悲痛的消息传出，驻罗坑村第一书记钟乾隆因突发急性心肌梗死，永远离开了他热爱的岗位，永远离开了他心心念念的贫困户们，年仅五十岁。

受村委会委托，黎婷咬咬牙，似乎下了极大的决心，颤抖着手拨通了钟乾隆的妻子、章江路小学负责人罗蔚的电话，她一字一顿地说："罗校长，您一定做好思想准备，钟书记，他走了。"

"……"电话那边，半晌没有任何声音，忽然，爆发出一句近乎歇斯底里的话，"绝对不可能！你在骗我！"

猛力挂掉电话后，罗蔚早已泪流满面，她恨不得立即飞往罗坑村，可是，今天是新校区揭牌的日子，多少人正在翘首以盼。罗蔚擦去眼泪，当作什么也没发生，毅然决然地走向会场。

总算熬到仪式完成的那一刻，心力交瘁的罗蔚再也支撑不住，突然往后倒了下去，幸亏旁边的同事眼疾手快，一把扶住。罗蔚低吼了一声："快，快，去罗坑！"

往日欢声成幻影，阴阳两隔在须臾。抚摸着那张苍白的脸，罗蔚泪眼蒙眬，泣不成声："乾隆啊，这是怎么了，这是怎么了？你别吓我呀，你昨天还答应过我，等忙完这两天，陪我去章江边散步的啊……"

送走钟乾隆的遗体后，王冬强忍悲痛，叫来村支部、村委会和工作队干部开碰头会，对工作进行临时交接。

会场上静悄悄的，大家都低着头不说话。王冬正想开口，忽然觉得嗓眼里一痒，他抱歉地说："对不起，开会前，先让我哭一场。"话音未落，他毫不顾忌地放声痛哭，痛哭一位好干部的英年早逝，痛哭一位好兄弟的猝然离去，痛哭一位扶贫战友的壮志未酬。

顿时，大伙全哭开了。眼泪于事无补，但唯有眼泪，才能表达他们对钟乾隆书记的敬意。

“父亲走了，钟书记也走了，他们都是我最亲的亲人。”连续多日，彭宗荣与母亲刘月英无法入眠，只要一提起钟乾隆的名字，她便哽咽不已。

日子像河流，继续朝前流淌。杨仙岭下，罗坑体育小镇升格为“沙河体育小镇”，生态游步道成为强身健体、修身养性和俯瞰千年宋城赣州的理想去处。

又是人间四月天，鸟语遍布谷壑，新绿又染山川。

奔放的阳光里，王冬正与村干部在卡丁车赛场外谈论下一阶段的工作。他的手机里，至今保留着钟乾隆的微信，累了，闲了，他便会去翻看两人的对话，曾经的美好片段，像一首经典老歌，在留声机里缓缓传唱。

乾隆当含笑，罗坑今无恙。

↓ 罗坑村一角

附录

全省脱贫攻坚殉职人员名单

一、烈　士（1人）

程扶摇　九江市修水县杭口镇人民政府乡镇干部

二、因公牺牲（42人）

廖德熙　赣州市瑞金市国税局主任科员、驻村第一书记兼工作队队长

曾祖洪　赣州市瑞金市拔英乡拔英村党支部书记

邹赣泉　赣州市瑞金市武阳镇竹杨居委会文书

刘福生　赣州市崇义县档案局科员

黄春有　赣州市会昌县清溪乡人民政府干部、驻村工作队员

钟永春　赣州市会昌县小密乡人民政府干部

文树人　赣州市会昌县周田镇人民政府干部

曾胜生　赣州市会昌县周田镇人民政府干部

肖新泉　赣南医学院图书馆干部、驻村工作队员

钟宝华　赣州市信丰县崇仙乡党委副书记、乡长

刘辉玲　赣州市信丰县小河镇人民政府副镇长

刘　强　赣州市信丰县嘉定镇党委书记、人大主席

殷常青　赣州市信丰县虎山乡人民政府交通站站长

黄光有　赣州市信丰县虎山乡人民政府民政所所长

钟乾隆　赣州市章贡区农业农村局农业农村室副主任、沙河镇罗坑村驻村第一书记

刘益华　赣州市于都县财政局国资办副股长、于都县银坑镇岩前村驻村第一书记

舒祖德　赣州市兴国县永丰乡永丰村会计

胡贵茂　赣州市兴国县永丰乡蕉溪村扶贫专干

闵贤倡　赣州市兴国县枫边乡西林村支部书记

雷环清　赣州市兴国县水土保持局监督股股长

胡光鹏　赣州市宁都县矿产资源监察执法大队副队长

彭午林　吉安市吉水县扶贫办政策法规股股长

谢仕发　吉安市吉水县螺田镇枫树陂村党支部书记

许祖金　吉安市吉水县螺田镇恭溪村党支部书记

邹齐胜　吉安市遂川县珠田乡珠溪村党支部书记

吴应谱　九江市修水县人民政府办公室干部、驻村第一书记

樊贞子　九江市修水县大椿乡人民政府干部

沈　金　九江市都昌县水务站站长

周文生　宜春市靖安县农业农村局能源站长

胡学发　抚州市长运有限公司工会副主席、驻村第一书记兼工作队长

张官友　上饶市余干县陈坪村党支部书记

李桂芳　上饶市横峰县政府办副主任、姚家乡兰子畲族村驻村第一书记

许大龙　上饶市信州区秦峰镇副镇长

候仁发　上饶市信州区灵溪镇龙泉村两委委员

谢福江　上饶市信州区沙溪供电所所长

李俊敏 国网南昌市进贤县供电公司营销部副主任、驻村第一书记

徐　强 南昌市进贤县南台乡党委书记

何国山 南昌市扶贫办副主任

杨厚荣 赣州市瑞金市黄柏乡太坊村书记兼主任

钟　平 赣州市瑞金市九堡镇山坑村村支部书记

梁晓阳 赣州市瑞金市云石山乡丰垅村支部书记

刘和文 赣州市中心血站检验科医师、驻瑞金市万田乡茶亭村“三送”帮扶工作队长

三、因工死亡（17人）

韩福林 赣州市赣县区大埠乡民政所所长、民宗所所长

邓小梅 赣州市南康区文广新旅局社会文化科科长

李定东 赣州市南康区房管局科员、樟桥村驻村第一书记

肖新华 赣州市南康区浮石乡水管站站长、驻村工作队员

卓　宇 赣州市南康区十八塘乡人大主席、驻村第一书记

杨传滨 赣州市南康区公安局镜坝派出所所长、驻村工作队员

唐梅峰 赣州市安远县农业和粮食局党组成员、副局长

王建文 九江市都昌县道路交通运输都昌分局办公室副主任

雷荣卿 九江市都昌县阳峰乡副乡长

沈　揆 九江市湖口县南北港水产场党委副书记

周武峰 抚州市金溪县委农发办办公室主任

桂高平 抚州市乐安县医保局生育保险负责人、厚坊村驻村工作队员

严杰平 抚州市黎川县畜牧局疾控中心主任、西城乡河樟村驻村工作

队员

万学贤　上饶市余干县文化广播电影电视新闻出版局三下乡办公室主任、驻村第一书记

曹建彭　省侨联机关党委专职副书记、余干县洪家嘴乡双港村驻村工作队长

周友才　上饶市余干县东塘乡人民政府党委委员、常务副乡长

王坤东　中国电信股份有限公司上饶市鄱阳分公司营业部主任、驻村工作队员